Antoine de Saint-Exupéry

Der kleine Prinz und ich

Titel der französischen Originalausgabe LE PETIT PRINCE
erschienen bei Librairie Gallimard Paris

erschienen am 29. Juni 2015
Textbearbeitung von Karel Szesny
Illustrationen von Antoine de Saint-Exupéry
Zeichnungen auf den Seiten 8, 9 und 101 von Karel Szesny
Grafik und Layout von Tibor Horvath
Printed in Germany

ISBN: 978-3-945976-06-7

www.abentheuerverlag.de

Antoine de Saint-Exupéry

Der kleine Prinz und ich

Deutsche Textbearbeitung von Karel Szesny

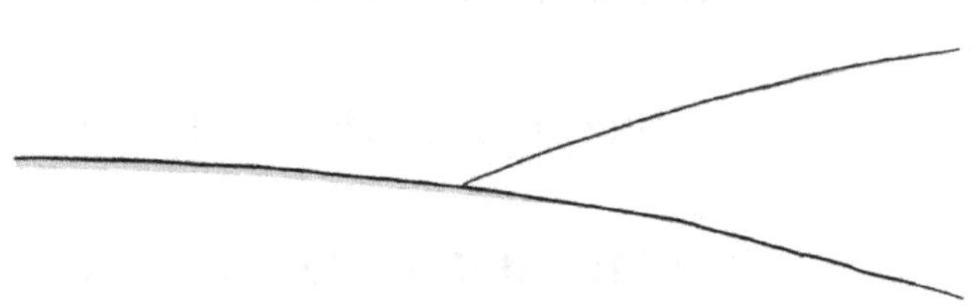

Inhalt

Ein Vorwort an die Kinder

Das am meisten verbreitete Buch der Welt ist die Bibel. Und das am meisten verbreitete Kinderbuch ist „Der kleine Prinz“. Beide Bücher wurden in weit über 100 Sprachen übersetzt, so dass sie von fast allen Menschen dieser Erde gelesen werden können.

Was macht diese Bücher so bedeutsam? – Beide handeln von Königssöhnen, welche die Menschen besuchten, um sie eine besondere Sicht auf die Dinge des Lebens zu lehren. Beide Königssöhne verweilten nur eine kurze Zeit auf der Erde, an deren Ende der Tod auf sie wartete. Der Tod aber bedeutete für beide nur eine Heimkehr ins Licht des Sternenhimmels, aus dem schließlich wir alle hervorgegangen sind. Und seit beide fort sind, scheinen die Sterne uns anders in den Nächten, denn sie verheißen nun Hoffnung für uns alle.

Beide Königssöhne hinterließen uns unvergessliche Merksätze, die uns unser Leben lang begleiten, wenn wir sie zu verinnerlichen imstande sind. Während der kleine Königssohn uns zu verstehen gibt, dass uns nur unser Herz ermöglicht, klar zu sehen, so liegt das ganz im Sinne der Lehre von der Nächstenliebe, die wir dem großen Königssohn verdanken. Und so sind die Intentionen beider Bücher eng miteinander verwoben.

Dem Schlangengift gleich, welches das Leben des kleinen Prinzen auslöschte, so trachten die gottlosen Priester unserer Zeit danach, uns diese kostbaren Lehren vergessen zu machen. Es sind oft gerade diejenigen, die von den höchsten Podesten herab von der Menschlichkeit, von Toleranz, von Gerechtigkeit und vom Frieden faseln, und die heimlich etwas ganz anderes im Schilde führen. Doch der verständige Leser dieses Buches kann von derlei Leuten nicht mehr so leicht hinters Licht geführt werden, denn er hat gelernt, ihre falschen Reden zu durchschauen.

Antoine, der Verfasser dieses wundervollen Buches, war ein französischer Pilot. Im Jahre 1944 war er mit seinem Flugzeug über dem Mittelmeer unterwegs. Vielleicht hatte er gerade ein wenig vom kleinen Prinzen geträumt, als die Maschinengewehrgarbe, die von schräg oben kommend seine rechte Tragfläche durchsiebte, ihn daran erinnerte, dass gerade Krieg war. (Was dann passierte, seht Ihr auf dem Bild.)

Wäre er nicht in diesem Krieg gestorben, hätte er gewiss noch weitere schöne Bücher für uns geschrieben. Weil wir keine Lust auf irgendwelche blöden Kriege haben, wollen wir ihm mit diesem neu bearbeiteten Buchtext ein eigenes Denkmal in unserer deutschen Sprache setzen. Und weil er das Buch „Der kleine Prinz" als Ich-Erzähler verfasst hat, in dem auch viel Wahres aus seinem wirklichen Leben enthalten ist, und weil der kleine Prinz so sehr dem kleinen Jungen ähnelt, der Antoine einst gewesen war, darum heißt das Buch, dass Ihr nun in den Händen haltet

DER KLEINE PRINZ UND ICH

Karel Szesny
Berlin, anno 2015

Nun aber wollen wir schweigen und Antoine das Wort erteilen ...

FÜR LÉON WERTH

Ich möchte diejenigen unter Euch, die noch Kinder sind, dafür um Verständnis bitten, dass ich dieses Buch einem erwachsenen Mann gewidmet habe. Es gibt einen triftigen Grund dafür: Dieser Erwachsene ist mein allerbester Freund. Ein weiterer Grund ist, dass er wirklich alles verstehen kann, sogar die Gedanken der Kinder. Und es gibt noch eine dritte Begründung: Dieser Erwachsene lebt in Frankreich, wo er hungern und frieren muss, weshalb er einen Trost benötigt. Wenn alle diese Gründe immer noch nicht ausreichen sollten, werde ich dieses Buch eben dem Kind widmen, das dieser Mann einmal gewesen war. Alle Erwachsenen sind schließlich einmal Kinder gewesen, auch wenn sich die wenigsten wirklich daran erinnern. Ich ändere also meine Widmung ein wenig ab:

FÜR LÉON WERTH

ALS ER NOCH EIN KLEINER JUNGE WAR

1. Der kleine Kunstmaler

Ich muss ungefähr sechs Jahre alt gewesen sein, als ich ein Buch über Urwälder in die Finger bekam, das „Erlebte Geschichten“ hieß. Darin sah ich ein Bild, dass mich zutiefst beeindruckte: Eine Riesenschlange, eine Boa, die gerade ein ziemlich großes Tier verspeisen wollte. Dieses Bild kann ich heute noch jederzeit aus dem Gedächtnis nachzeichnen.

In dem Buch war zu lesen: „Die Boas verschlingen ihre Beute in einem Stück, ohne sie zu zerkleinern. Danach können sie sich nicht mehr bewegen und ruhen sich sechs Monate lang aus, bis sie die Mahlzeit verdaut haben.“

Seinerzeit habe ich oft über Abenteuer im Dschungel nachdenken müssen und schuf eines Tages mit einem Buntstift mein allererstes Kunstwerk, meine Zeichnung Nummer 1.

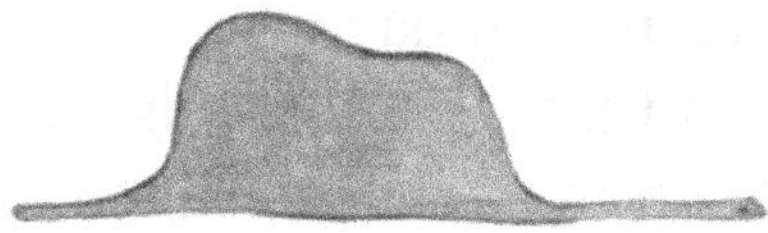

Als ich mein Meisterwerk den erwachsenen Leuten präsentierte, fragte ich sie, ob sie nicht vielleicht Angst bekommen bei dem Anblick. Sie haben aber gemeint: „Vor einem Hut braucht man doch keine Angst zu haben". Das auf meiner Zeichnung sollte aber kein Hut sein. Das war eindeutig eine Riesenschlange, die einen Elefanten verschlungen hatte. Also habe ich dann einen Querschnitt durch das Innere der Boa gezeichnet, um den Erwachsenen das Bild verständlich zu machen. Sie müssen ja immer alles ganz genau erklärt haben. So entstand meine Zeichnung Nummer 2.

Die Erwachsenen haben mir daraufhin geraten, das Zeichnen von offenen und geschlossenen Riesenschlangen bleiben zu lassen. Ich sollte mich lieber mit Geografie, Geschichte, Mathematik und Grammatik befassen. So geschah es dass ich aus Vernunftgründen eine hoffnungsvolle Karriere als Kunstmaler im Alter von sechs Jahren aufgab.

Der geringe Anklang, den meine Werke Nummer 1 und Nummer 2 in der Öffentlichkeit fanden, hatte mich tief enttäuscht. Die Erwachsenen sind wirklich sehr begriffsstutzig, und es kostet die Kinder einfach zu viel Mühe, ihnen dauernd alles erklären zu müssen. Infolgedessen ergriff ich einen anderen Beruf. Ich wurde Flieger. Und so bin ich in der ganzen Welt umhergeflogen, und ich muss zugeben, dass mir meine Kenntnisse in Geografie dabei tatsächlich nützlich waren. Dadurch war ich in der Lage, beispielsweise China von Arizona zu unterscheiden. Das könnte unter Umständen von Vorteil sein, wenn man sich im Dunkeln verflogen hat.

Im Laufe der Zeit sind mir massenweise „vernünftige" Leute begegnet. Meistens hatte ich in nächster Nähe mit Erwachsenen zu tun, die geradezu vor Vernunft strotzten. Das hat meine persönlichen Ansichten über sie jedoch nicht gerade verbessert. Wenn ich einmal einen traf, der mir ein bisschen pfiffiger vorkam, zeigte ich ihm meine Zeichnung Nummer 1, die ich immer noch aufbewahre. Ich wollte damit feststellen, ob er eventuell einen Durchblick hatte. Aber stets kriegte ich zu hören: „Das ist ein Hut." Dann wusste ich, dass ich mit ihm weder über Boas, noch über Urwälder und auch nicht über die Sehnsucht reden konnte, die der Anblick des Sternenhimmels in uns aufkommen lässt. Dann passte ich mich ihm an und unterhielt mich mit ihm über Kartenspiele, Golf, Politik und Krawattenmode. Und der vernünftige Mensch war offensichtlich davon angetan, einen ebenso vernünftigen Menschen vor sich zu haben.

2. Notlandung in der Wüste

Oft fühlte ich mich einsam, denn ich hatte niemanden, mit dem ich wirklich ganz offen reden konnte, bis ich vor sechs Jahren eine Notlandung in der Wüste Sahara machen musste. Der Motor meines Flugzeuges war nicht richtig rund gelaufen und hatte merkwürdige Geräusche hören lassen. Ich hatte niemanden dabei, der mir hätte helfen können, keinen Mechaniker und noch nicht einmal einen Passagier, nur Postsäcke voller Briefe und Ansichtskarten. Da blieb mir nichts weiter übrig, als die Reparatur alleine zu bewerkstelligen, die sich bald als ziemlich schwierig erweisen sollte. Ich hatte acht Tage Zeit, denn genau so lange reichte mein Trinkwasservorrat. Es ging für mich also um Leben oder Tod.

Am ersten Abend, als die glühende Hitze des Tages allmählich verflog, bin ich völlig übermüdet einfach so im Sand eingeschlafen, ungefähr tausend Meilen von der nächsten menschlichen Ansiedlung entfernt. Ich kam mir so verloren vor wie ein Schiffbrüchiger in einem kleinen Boot mitten auf dem Ozean. Und ich kann mich nicht entsinnen, mich jemals in meinem Leben dermaßen einsam gefühlt zu haben, wie in dieser Situation. Aber nun stellt Euch einmal meine Verblüffung vor, als ich im Morgendämmer von einer merkwürdig kleinen Stimme dicht an meinem Ohr geweckt wurde:

„Zeichne mir bitte ein Schaf!“

„Was?!“

„Ein Schaf.“

Ich bin hochgeschreckt, als hätte ein Blitz neben mir eingeschlagen. Ich habe mir ungläubig die Augen gerieben und wollte ihnen zunächst nicht trauen. Ein kleiner Junge stand vor mir und blickte mich ernst an.

Später habe ich immer wieder versucht, diese ungewöhnliche Erscheinung zu zeichnen. Aber selbst das Beste dieser Bilder ist längst nicht so entzückend wie es dieser kleine Prinz in Wirklichkeit war. Ihr werdet mir das bestimmt nachsehen, denn ich bin ja bereits im Alter von sechs Jahren von den ach so vernünftigen Erwachsenen genötigt worden, meine Künstlerlaufbahn zu beenden. Das Einzige, was ich einigermaßen zu zeichnen vermochte, waren ja nur geschlossene und offene Riesenschlangen.

Ich starrte die Erscheinung also mit großer Verwunderung an. Ihr dürft nicht vergessen, dass ich tausend Meilen von jeder bewohnten Gegend entfernt war. Aber dieser kleine Bursche machte überhaupt keinen verlorenen Eindruck, er schien auch nicht von Müdigkeit, Hunger, Durst oder Angst geplagt zu sein. Es hatte absolut nicht den Anschein, als sei er hier mitten in der Wüste aufgrund irgendwelcher unglücklicher Umstände gestrandet, über tausend Meilen entfernt vom nächsten bewohnten Ort. Als ich die Sprache wiedergefunden hatte, fragte ich ihn: „Wie kommst du denn hierher?"
Er aber wiederholte ernst und mit sanftem Nachdruck: „Bitte zeichne mir ein Schaf."

Das Ganze erschien mir viel zu geheimnisvoll, als dass ich zu widerstehen gewagt hätte. Es war völlig absurd – tausend Meilen entfernt von jeder menschlichen Ansiedlung und in Todesgefahr! – ich entnahm meiner Kartentasche ein Blatt Papier und einen Stift. Dann aber fiel mir ein, dass ich ja vor allem Geografie, Geschichte, Mathematik und Grammatik gelernt hatte, und resigniert gab ich dem Kleinen zu verstehen, dass ich gar nicht zeichnen könne. Er aber meinte nur: „Macht nichts. Zeichne ein Schaf."

Weil ich aber noch nie ein Schaf gezeichnet hatte, fertigte ich eine von den einzigen beiden Zeichnungen an, die ich einigermaßen hinbekam; die von der geschlossenen Riesenschlange. Ich war ziemlich verblüfft, als er sagte: „Nein, nein! Ich kann keinen Elefanten in einer Riesenschlange gebrauchen. Riesenschlangen sind viel zu gefährlich und für den Elefanten habe ich zu Hause nicht genügend Platz. Ich möchte ein Schaf."

Also habe ich versucht, ein Schaf zu zeichnen. Der Kleine sah aufmerksam zu, aber dann meinte er: „Nein! Das ist ja krank. Ich will ein anderes."

Ich kritzelte weiter. Der Kleine lächelte nachsichtig: „Siehst Du nicht, dass das kein Schaf ist? Das ist ein Widder. Es hat Hörner.“

Ich versuchte es erneut. Aber die Zeichnung wurde ebenfalls abgelehnt: „Das ist doch schon alt. Ich will ein Schaf, das noch lange lebt.“

Allmählich verlor ich die Geduld. Ich hatte ja nicht ewig Zeit. Ich musste den Motor reparieren. Also kritzelte ich mit ein paar schnellen Strichen eine ganz einfache Zeichnung hin und erklärte knurrig: „Das ist eine Kiste. Und das Schaf, das du haben willst, ist da drin.“

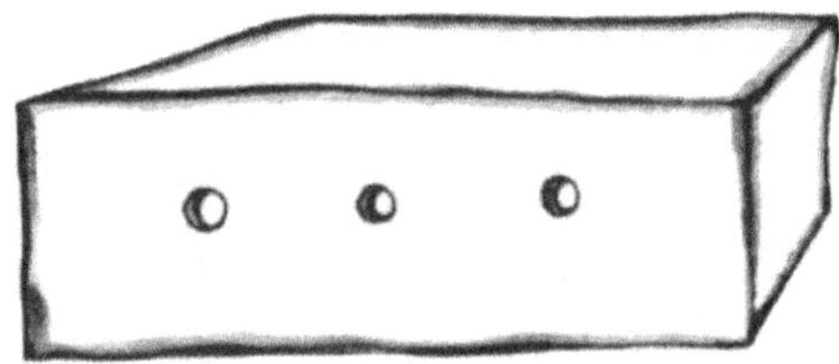

Ich war ein wenig erleichtert, als sich das Gesicht meines kleinen Kritikers in einem strahlenden Lächeln erhellte: „Genau so hab ich es mir gewünscht. Was meinst du, ob dieses Schaf sehr viel Gras braucht?“

„Wieso fragst du?“

„Weil bei mir zu Hause alles so klein ist.“

„Es wird schon ausreichen. Es ist ja auch ein ganz kleines Schaf.“ Prüfend besah er die Zeichnung: „Ob es aber so klein ist, dass es ...“ Er unterbrach sich und wisperte: „Schau mal, es ist eingeschlafen.“ Und so hatte ich den kleinen Prinzen kennen gelernt.

3. Das Geheimnis des kleinen Prinzen

Ich benötigte einige Zeit, um zu erfahren, woher er gekommen war. Der kleine Prinz, der mir eine Menge Fragen stellte, schien die meinigen stets zu überhören. Seine Herkunft offenbarte sich mir erst nach und nach durch eher nebensächliche Bemerkungen. Einmal deutete er auf mein Flugzeug und fragte: „Was ist das eigentlich für eine komische Mühle?“

Gern hätte ich Euch jetzt eine Zeichnung des Flugzeuges präsentiert, von dem er so herablassend sprach, was mich zugegebenermaßen schon ein wenig kratzte. Nur leider ist das Zeichnen eines Flugzeuges aus bereits erwähnten Gründen viel zu kompliziert für mich.

„Eine Mühle...“, grummelte ich beleidigt. „Damit kann man fliegen. Darum heißt es Flugzeug.“

Und nicht ohne Stolz gab ich ihm zu verstehen, dass ich derjenige wäre, der diese großartige Errungenschaft der Technik zum Fliegen bringen könnte. Da rief er: „Nun sag bloß, Du bist mit diesem Ding vom Himmel gefallen.“

„Allerdings“, gab ich zu.

„Ach, das ist ja lustig!“, meinte er und begann zu lachen, was mich ein bisschen ärgerte. Ich fand es schon etwas unpassend, angesichts eines so fatalen Unglückes nicht ernst genommen zu werden.

Er aber lachte weiter: „Also dann kommst du auch vom Himmel! Von welchem Planeten hat es dich denn hierher verschlagen?"
Daraufhin musste ich aufhorchen, weil ich das Geheimnis seiner Herkunft zu erahnen begann. Nun wollte ich es aber genau wissen: „Sag mal, kommst du etwa von einem anderen Planeten?"
Aber ich bekam keine Antwort. Stattdessen betrachtete er mein Flugzeug mit abschätzendem Blick und meinte schließlich kopfschüttelnd: „Ach, na ja, mit dem Ding kannst du aber nicht besonders weit hergekommen sein."
Daraufhin wurde er wieder ernst und schien sich eine längere Zeit in irgendeiner Träumerei zu verlieren. Er zog mein Schaf aus der Tasche und vertiefte sich ganz selbstvergessen in den Anblick der Zeichnung.

Könnt Ihr Euch eigentlich vorstellen, wie mich diese Bemerkung über die „anderen Planeten" beschäftigte? Ich wollte unbedingt mehr darüber wissen: „Nun sag schon, woher du kommst, kleiner Mann? Auf welchem Planeten bist du zu Hause? Willst du mein Schaf dahin mitnehmen?"

Erst nachdem er lange geschwiegen hatte, sagte er: „Diese Kiste, die du mir geschenkt hast, ist ziemlich praktisch. Man kann sie als Schafstall verwenden, wenn man sie aufrecht hinstellt."

„So ist es", erwiderte ich. „Und wenn du mir ein bisschen mehr über dich erzählst, bekommst du auch einen Pflock und einen Strick, um das Schaf anzubinden."
Dieses Angebot schien meinem kleinen Prinzen zu missfallen: „Wozu soll ich es denn anbinden?"

„Wenn du es nicht anbindest, wird es irgendwann weglaufen."
Da lachte mein neuer Freund abermals aus einem für mich unerfindlichen Grunde: „Wo soll es denn hinlaufen?"

„Na, geradeaus, irgendwohin halt. Dann ist es weg."
Da antwortete der kleine Prinz mit ernstem Nachdruck: „Es kann nicht weg! Dafür ist es bei mir zu Hause viel zu klein."

Und mit einem schwermütigen Seufzen fügte er hinzu: „Dort kann man nicht geradeaus weglaufen ...“

4. Die Entdeckung des Asteroiden

Eine weitere Bemerkung des kleinen Prinzen lies mich schlussfolgern, dass sein Heimatplanet wohl kaum größer als ein normales Wohnhaus sein konnte.

Das erschien mir durchaus im Bereich des Möglichen zu liegen. Mir war ja bekannt, dass es außer den Planeten Erde, Jupiter, Mars und Venus, denen man bedeutungsvolle Namen gegeben hat, noch Hunderte anderer Himmelskörper gibt, die sehr viel kleiner sind, so klein, dass man sie selbst durch ein Fernrohr kaum erkennen kann. Wenn die Astronomen aber einen von ihnen entdecken, geben sie ihm statt des Namens eine Nummer, wie beispielsweise Asteroid Nummer 3251.

Ich habe Anlass zu glauben, dass der Planet des kleinen Prinzen der Asteroid B 612 ist. Dieser Kleinplanet wurde nur ein einziges Mal in einer besonders sternklaren Nacht von einem türkischen Astronomen durchs Fernrohr gesichtet. Das war im Jahre 1909.

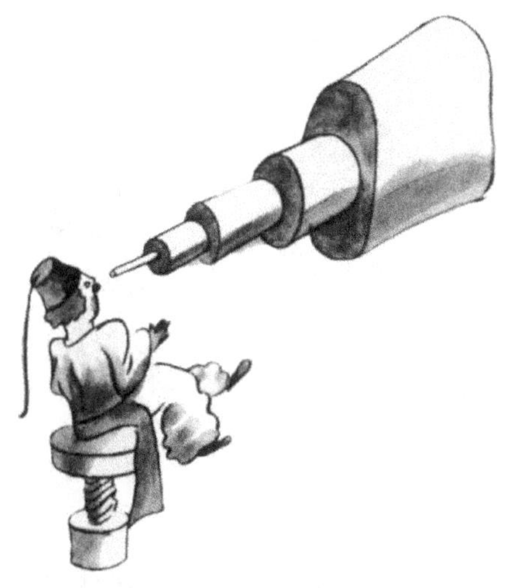

Dieser Astronom hatte damals beim internationalen Astronomenkongress einen ausführlichen Vortrag über seine sensationelle Entdekkung gehalten. Aber keiner seiner Astronomen-Kollegen hatte ihm geglaubt. Das lag an seiner etwas unpassenden, orientalischen Kleidung. Die Erwachsenen sind halt so.

Zum Glück für den Asteroiden B 612 befahl ein türkischer Herrscher seinem Volk bei Androhung der Todesstrafe, nur noch europäische

Kleidung zu tragen. Der Astronom wiederholte also seinen Vortrag im Jahre 1920 in einem ordentlichen Anzug, und diesmal erntete er von seinen internationalen Kollegen volle Zustimmung.

Wenn ich Euch in dieser akribischen Ausführlichkeit sämtliche Daten über den Kleinplaneten B 612 nenne und Euch sogar seine astronomische Nummer verrate, dann tue ich das hauptsächlich, um die Glaubhaftigkeit meiner Geschichte bei den erwachsenen Leuten zu erhöhen. Die haben nämlich eine eigenartige Vorliebe für Zahlen, die sich in recht sonderbaren Verhaltensweisen zeigt. Wenn Ihr ihnen beispielsweise von einem neuen Freund erzählt, dann fragen sie Euch nie nach dem Wesentlichen. Sie fragen euch nicht nach dem Klang seiner Stimme oder welche Spiele er am liebsten spielt oder ob er Schmetterlinge liebt. Nein, sie fragen immer nur: ‚Wie alt ist er? Wie viele Geschwister hat er? Wie groß ist er? Wieviel Geld verdient sein Vater?'
Erst wenn Ihr diese Fragen mit den entsprechenden Zahlen beantwortet habt, glauben die Erwachsenen, eine Vorstellung von Eurem Freund zu haben.

Oder wenn Ihr den Erwachsenen Leuten erzählt: ‚Ich bin an einem wunderschönen Haus aus roten Ziegeln vorbei gekommen, das hatte bunte Blumen vor den Fenstern und weiße Tauben auf dem Dach', dann sind sie oft nicht in der Lage, sich dieses Gebäude vorzustellen. Aber wenn Ihr ihnen sagt: ‚Ich habe ein Haus gesehen, das hunderttausend Franken kostet', dann rufen sie gleich: ‚Oh, wie schön!'

Genauso verhält es sich auch, wenn Ihr ihnen beizubringen versucht: ‚Der Beweis, dass es den kleinen Prinzen wirklich gab, besteht darin, dass er sehr niedlich war, dass er gern lachte und dass er unbedingt ein Schaf haben wollte.'

Uns ist klar, wenn sich jemand ein Schaf wünscht, dann ist das doch ein unwiderleglicher Beweis dafür, dass dieser Jemand am Leben ist, dass er also existiert. Aber bei dieser Art von Beweisen würden die Erwachsenen bloß die Achseln zucken und Euch wie dumme, kleine Kinder behandeln. Aber wenn Ihr ihnen in überzeugendem Tonfall sagt: ‚Der Planet, von dem er kam, ist der Asteroid B 612', dann werden sie Euch sofort glauben und Euch keine weiteren Fragen mehr stellen. Ja, so sind sie, die Erwachsenen. Aber man darf ihnen das wirklich nicht allzu übel nehmen. Sie können schließlich nichts dafür, dass sie erwachsen geworden sind. Kinder sollten darum für Erwachsene Leute immer ein gewisses Maß an Verständnis aufbringen, auch wenn das nicht immer leichtfällt.

Wir aber, die wir genau wissen, was im Leben wichtig ist, wir lächeln über diese alberne Anbetung der Zahlen. Und wisst Ihr, eigentlich hätte ich diese Geschichte am liebsten begonnen wie ein Märchen. Nur leider glauben die meisten Leute nicht an Märchen. Aber dennoch hätte ich gern so angefangen: ‚Es war einmal ein kleiner Prinz, der lebte ganz allein auf einem Planeten, der nicht viel größer war als ein gewöhnliches Haus, und er wünschte sich einen Freund …'

Ja, diejenigen unter Euch, die das Wichtige vom Unwichtigen im Leben unterscheiden können, würden die Geschichte dann noch viel besser verstehen. Sie würden dann noch deutlicher empfinden, dass man den Sinn dieser Geschichte nicht auf die leichte Schulter nehmen sollte.

Ich empfinde nämlich durchaus einigen Kummer bei meinen Erinnerungen, obwohl es schon sechs Jahre her ist, dass mein Freund mit seinem Schaf verschwunden ist. Ich versuche, ihn zu beschreiben, auch um ihn nicht zu vergessen. Es ist traurig, wenn ein Freund den anderen vergisst. Am Ende seines Lebens kann wohl nicht jeder von sich sagen, einen Freund gehabt zu haben. Und ich gebe mir Mühe, nicht so wie die anderen Erwachsenen zu werden, die sich immer nur für Zahlen interessieren. Darum habe ich mir heimlich einen Tuschkasten und Buntstifte gekauft ...

Es war gar nicht so einfach, in meinem Alter noch einmal mit dem Zeichnen anzufangen, wo ich doch schon in meinem sechsten Lebensjahr damit aufgehört hatte, als ich über meine Versuche an geschlossenen und offenen Riesenschlangen nicht hinausgekommen war. Jedenfalls habe ich mein Bestes getan, die Bilder dieser Geschichte so wahrheitsgetreu wie möglich hinzubekommen. Aber ich bin nicht sicher, ob mein Bemühen ausgereicht hat. Kaum war mir eine Zeichnung einigermaßen gelungen, sah die nächste dem kleinen Prinzen schon nicht mehr richtig ähnlich. Manchmal hatte ich mich auch in den Proportionen vertan; einmal ist der kleine Prinz zu groß geworden und dann wieder zu klein. Auch die Farben seiner Kleidung stimmen vielleicht nicht so ganz. Ich habe viel hin und her probieren müssen und zeichnete so gut es eben ging. Möglicherweise habe ich mich auch in bedeutenderen Einzelheiten geirrt. Dafür muss ich um Nachsicht bitten, denn mein Freund hat mir kaum einmal etwas erklärt. Er dachte vermutlich, ich sei genau wie er. Allerdings bin ich leider nicht imstande, durch Kistenbretter hindurch ein schlafendes Schäfchen zu sehen. Ich bin wohl doch eher den großen Leuten ähnlich geworden im Laufe der Zeit. Wenn man älter wird, dann wird man irgendwann auch einmal erwachsen, dagegen ist einfach nichts zu machen.

5. Die gefährlichen Affenbrotbäume

Ich erfuhr nun jeden Tag mehr über den kleinen Prinzen, über seinen Planeten und über seine weite Reise. Das Meiste musste ich mir allerdings aus seinen beiläufigen Bemerkungen zusammenreimen. So lernte ich am dritten Tag die Problematik der Affenbrotbäume kennen. Dies verdanke ich eigentlich dem Schaf, denn der kleine Prinz wollte auf einmal ganz unvermittelt wissen: „Stimmt es überhaupt, das Schafe junge Sprösslinge fressen?“

Er fragte das, als wäre ihm irgendwie ein Zweifel daran gekommen, der ihn zu beunruhigen schien.

„Ja, das stimmt“, antwortete ich.

„Ach, dann ist es ja gut!“, gab er hörbar erleichtert von sich. Nun hatte ich keine Ahnung, weshalb es ihm so wichtig war, dass Schafe junge Sprösslinge fressen. Nach einer Zeit aber vergewisserte er sich: „Dann fressen sie also auch Affenbrotbäume?“

Daraufhin belehrte ich ihn darüber, dass Affenbrotbäume ziemlich riesig sind und so hoch werden können, wie Kirchtürme, und dass selbst eine ganze Herde hungriger Elefanten nicht imstande wäre, einen Affenbrotbaum aufzufressen. Mein Beispiel mit den Elefanten brachte ihn zum Lachen.

„Auf meinem Planeten müsste man so viele Elefanten wohl übereinanderstellen.“

Aber dann bemerkte er sinnigerweise: „Aber bevor ein Affenbrotbaum groß wird, muss er doch erst einmal klein anfangen.“

„Allerdings“, bestätigte ich. „Warum willst du aber, dass dein Schaf sich ausgerechnet von Affenbrotbaumsprösslingen ernährt?“

Er antwortete jedoch nur: „Alles klar. Es wird sich zeigen.“

Und er tat so, als ob es sich dabei um eine ganz normale Sache handelte.

Ich musste an dieser Stelle wirklich all meinen Scharfsinn aufbieten, um das Rätsel zu lösen. – Natürlich gab es auf dem Planeten des kleinen Prinzen genau wie auf anderen bewohnbaren Himmelskörpern gute und schlechte Pflanzen. Demzufolge gab es auch gute Samen von guten Gewächsen und schlechte Samen, aus denen richtig üble Gewächse hervorsprossen. Die Samen sind aber manchmal so winzig klein, dass sie nahezu unsichtbar sind. Sie schlafen irgendwo in der Erde, bis es einem von ihnen plötzlich in den Sinn kommt, zu erwachen. Dann reckt er sich und streckt zuerst ganz sachte einen niedlichen kleinen Sprössling ins Himmelslicht, der völlig harmlos aussieht. Wenn es nun ein Radieschenspross oder ein Rosentrieb ist, soll er nur wachsen wie er will. Aber wenn sich daraus etwas Schädliches entwickeln könnte, muss man ihn unverzüglich ausrupfen. Man sollte also schon im frühen Stadium erkennen können, welche Art Gewächs es ist. Auf dem Planeten des kleinen Prinzen gab es ungeheuer gefährliche Samen. Das waren die Affenbrotbaumsamen. Heimtückisch lauerten sie in Massen im Boden des Himmelskörpers. Einen Affenbrotbaum wird man niemals wieder los, wenn man es versäumt hat, ihn rechtzeitig auszureißen. Er erobert den ganzen Planeten, indem er seine Wurzeln in ihn hineinkrallt. Und wenn der Planet nicht wirklich groß ist und die Affenbrotbäume sich ungehindert vermehren, dann zerquetschen sie ihn schließlich wie eine weichgekochte Pellkartoffel.

„Man muss dabei sehr diszipliniert vorgehen“, meinte der kleine Prinz. „Wenn man morgens mit seiner Körperpflege fertig ist, sollte man am besten gleich mit der Pflege seines Planeten anfangen. Man darf keinen einzigen Tag vergessen, die Affenbrotbaumsprösslinge auszureißen, sobald sie sich von den Rosensprösslingen unterscheiden, denn wenn sie noch klein sind, sehen sie denen ausgesprochen ähnlich. Diese Arbeit ist eigentlich nicht sonderlich schwer, aber sie ist furchtbar langweilig.“

Einmal legte er mir eindringlich nahe, eine möglichst schockierende Zeichnung über die immense Bedeutung der Planetenpflege anzufertigen, damit es die Kinder bei mir zu Hause auch richtig begriffen. „Wenn die Kinder dann später irgendwann einmal verreisen“, so schlussfolgerte er, „werden sie sich an die Wichtigkeit dieser Sache erinnern. Manchmal ist es ja nicht so schlimm, wenn man eine Erledigung um einen Tag verschiebt. Aber bei Affenbrotbaumsprösslingen führt das unweigerlich zur Katastrophe. Ich weiß von einem Planeten, auf dem ein Faulenzer hauste. Er hatte drei Sprösslinge unbeachtet gelassen ..."

Und so habe ich dem Rat des kleinen Prinzen folgend, diesen Unglücksplaneten nach seiner Beschreibung gezeichnet. Ich spiele wirklich nicht gern den Moralapostel mit dem erhobenen Zeigefinger, aber die Katastrophen, die von diesen Affenbrotbäumen verursacht werden können, finden in der Tat viel zu wenig Beachtung. Es ist mir so sehr wichtig, Euch vor diesen Gefahren zu warnen, dass ich für dieses eine Mal meine sonstige Zurückhaltung aufgebe. – Also, falls es Euch einmal auf einen Asteroiden verschlägt, der von Affenbrotbaumsamen befallen ist, seid vorsichtig! Hier und jetzt sage ich Euch: Kinder, Achtung, die Affenbrotbäume! Um Euch und alle meine Freunde auf die katastrophale Schädlichkeit der Affenbrotbäume hinzuweisen, die uns alle bedroht, habe ich mit allergrößter Sorgfalt an dieser Zeichnung gearbeitet. Der Zweck, den ich damit erfülle, ist ganz bestimmt der Mühe wert.

Möglicherweise werdet Ihr Euch bei der Betrachtung dieses Bildes fragen, warum sich in diesem Buch nicht noch weitere, ebenso großartige Abbildungen finden lassen wie diese beeindruckende Zeichnung von den Affenbrotbäumen. Darauf gibt es eine recht einfache Antwort: Ich habe es versucht, aber es hat einfach nicht geklappt. Beim Zeichnen der Affenbrotbäume muss ich wohl von der Dringlichkeit meines Anliegens inspiriert gewesen sein.

6. Ein Tag mit 43 Sonnenuntergängen

Nach und nach habe ich eine Ahnung von der eigenartigen Schwermut bekommen, die das Leben des kleinen Prinzen erfüllte. Diese schwermütige Stimmung war ihm allmählich zur selbstverständlichen Gewohnheit geworden, denn eine lange Zeit kannte er keine andere Freizeitbeschäftigung, als den Sonnenuntergängen zuzuschauen. Das konnte ich mir am Morgen des vierten Tages zusammenreimen, als er unvermittelt vorschlug: „Komm, lass uns zusammen einen Sonnenuntergang anschauen. Ich mag Sonnenuntergänge."

„Da müssen wir aber noch lange warten."

„Worauf denn warten?"

„Na, dass die Sonne untergeht."

Da zeichnete sich auf seinem Gesicht für einen Moment ein Ausdruck von Verwunderung ab, doch dann begann er zu lachen und erklärte: „Ich hatte eben vergessen, dass ich nicht bei mir zu Hause bin!“

Jedermann weiß, wenn es in den USA ungefähr Mittagszeit ist, geht der Tag in Frankreich allmählich zur Neige. Wenn man sich dann gerade in den USA befindet, und man will unbedingt einen Sonnenuntergang sehen, müsste man ja in einer Minute nach Frankreich fliegen. Leider ist Frankreich dafür viel zu weit von den USA entfernt. Aber auf einem so winzigen Planeten wie dem des kleinen Prinzen wäre das überhaupt kein Problem. Da braucht man bloß seinen Stuhl ein paar Meter nach vorne zu rücken. Und auf diese Weise konnte der kleine Prinz die Abendstimmung erleben, so oft er nur wollte. Er sagte: „Einmal hab ich an einem einzigen Tag dreiundvierzig Sonnenuntergänge gesehen!“
Nach einer Weile fügte er hinzu: „Dir geht es doch sicher auch so. Wenn man traurig ist, hat man das Bedürfnis nach einem Sonnenuntergang.“
Da erwiderte ich: „An diesem Tag mit den dreiundvierzig Abenden warst du wohl besonders traurig?“
Darauf aber schwieg der kleine Prinz.

7. Die Nützlichkeit der Dornen

Am fünften Tag war es abermals das Schaf, das den Anstoß dazu lieferte, mir weitere Lebensumstände des kleinen Prinzen zu offenbaren.

Nachdem er lange geschwiegen hatte, so als dächte er über ein schwerwiegendes Problem nach, das ihm tüchtig zu schaffen machte, begann er mich zu fragen: „Wenn ein Schaf Sprösslinge frisst, dann frisst es doch bestimmt auch Blumen?“

„Ein Schaf frisst so ziemlich alles, was es vors Maul kriegt.“

„Aber es frisst doch bestimmt keine Blumen, die Dornen haben.“

„Doch, die auch.“

Der kleine Prinz horchte auf.

„Und wozu haben sie dann die Dornen?“

Ich wusste im Moment keine Antwort darauf. Ich war eben angestrengt damit beschäftigt, einen klemmenden Bolzen aus dem Motor zu schrauben. Außerdem begann ich mir Sorgen zu machen; die Reparatur war doch schwieriger, als ich zunächst angenommen hatte. Meine Situation wurde auch deswegen bedenklich, weil mein Trinkwasser recht schnell zur Neige ging, was bei der Wüstenhitze unvermeidbar war.

„Wozu haben die Blumen die Dornen?“

Der kleine Prinz beharrte auf seiner Frage. Manchmal konnte er ziemlich hartnäckig sein. Ich drehte und ruckte keuchend und schwitzend an diesem widerspenstigen Bolzen herum und antwortete darum nur ganz beiläufig: „Die Dornen, die haben eigentlich überhaupt keinen Zweck. Die Blumen lassen sie einfach wachsen, weil sie boshaft sind.“

„Oh!“

Für eine Weile blieb er still. Aber dann erwiderte er mit einem vorwurfsvollen Nachdruck: „Das stimmt überhaupt nicht! Die Blumen sind gar nicht boshaft, sie sind hilflos. Sie versuchen sich zu schützen, so gut es geht. Sie glauben, dass ihre Dornen gefährlich sind.“

Ich war mit meinen Gedanken allerdings ganz wo anders, denn ich überlegte gerade, ob ich den blöden Bolzen nicht am besten mit ein paar kräftigen Hammerschlägen lockern sollte. Der kleine Prinz ließ mir jedoch keine Ruhe: „Glaubst du wirklich, dass die Blumen einfach nur böse sind?“

„Ach, nicht doch, nein!“, gab ich gereizt zurück. „Ich glaube überhaupt gar nichts! Ich hab nur irgendwas daher gesagt. Du siehst doch wohl, dass ich gerade Wichtigeres zu tun hab!“
Er sah mich mit einem Ausdruck höchster Bestürzung an.

„Wichtigeres...!“
Er sah mich, wie ich mit ölverschmierten Händen an einer schmutzigen Maschine herumwerkelte, die ihm absolut nutzlos vorkommen musste.

„Du redest ja genau wie die erwachsenen Leute!“
Dieser Vorwurf kränkte mich. Doch der kleine Prinz fügte unbarmherzig hinzu: „Du verstehst überhaupt nichts, weil du das Wichtige mit dem Unwichtigen verwechselst!“
Er war jetzt wirklich äußerst aufgebracht. Er schüttelte heftig den Kopf, dass sein goldblondes Haar im Wind flatterte.

„Ich war auf einem Planeten, wo ein Mann mit einem ganz roten Gesicht wohnt. Der hat noch nie den Duft von einer Blume geatmet. Er hat sich noch nie am Glitzern eines Sterns erfreut. Er hat niemals jemanden geliebt. Er macht den ganzen Tag nichts anderes, als irgendwelche Zahlen zu addieren. Und genau wie du redet er sich ein: ‚Ich bin ein vernünftiger Mensch! Ich habe wichtige Dinge zu tun!‘ Und davon ist sein Kopf schon ganz angeschwollen wie ein Schwamm.“

„Wie was?“

„Ein Schwamm!“
Der kleine Prinz war ganz bleich geworden vor Wut.

„Seit Millionen von Jahren lassen sich manche Blumen Dornen wachsen! Und seit Millionen von Jahren werden sie trotzdem von Schafen gefressen! Warum haben sie sich dann überhaupt die Mühe gemacht, sich Dornen zuzulegen? Findest du das wirklich unwichtig? Ist es unwichtig, dass sich eine Blume gegen ein Schaf zu verteidigen versucht? Sind die Zahlen von diesem schwammigen Mann etwa wichtiger? – Und wenn es nun um eine Blume geht, die es im ganzen Universum nur einmal auf meinem Planeten gibt und nirgends sonst, und wenn ein kleines Schaf, das zu dumm ist, um zu wissen was es tut, wenn das Schaf also diese Blume in einem unbeobachteten Moment einfach so mit einem einzigen Happs auslöschen kann ...! Das soll unwichtig sein?!“

Der kleine Prinz empörte sich immer mehr:

„Wenn einer eine Blume lieb hat, die es nur ein einziges Mal gibt auf Millionen und Millionen von Sternen, dann reicht es aus, dass er in den Himmel schaut, um über allen Kummer getröstet zu sein. Denn er weiß ja, irgendwo da oben blüht diese Blume für ihn. Aber wenn das Schaf die Blume frisst, dann ist es für ihn, als hätte man auf einmal den ganzen Sternenhimmel für alle Zeit ausgelöscht! Und das soll unwichtig sein?“

Der kleine Prinz konnte nicht mehr weiterreden. Er wandte das Gesicht von mir ab.

Der Abend dämmerte. Ich hatte mein Werkzeug beiseitegelegt. Der Hammer, der Bolzen, der Durst und der Tod, alles war mir auf einmal egal. Und nichts hier auf Erden, hier auf diesem meinem Planeten war in dieser Stunde noch wichtig, nichts, außer einen kleinen Prinzen zu trösten. Ich legte die Arme um ihn und sprach dabei: „Deine Blume, die du so lieb hast, ist überhaupt nicht in Gefahr. Weißt du, ich werde einen Maulkorb für das Schaf zeichnen und einen Zaun, hinter dem deine Blume vollkommen sicher ist. Und ich werde …“

Aber dann wusste ich nicht mehr, was ich ihm noch hätte sagen sollen. Ich kam mir ziemlich linkisch vor. Es gelang mir an diesem Abend nicht mehr, ihn zu erreichen, denn obwohl ich ihn in den Armen hielt, schien er unendlich weit entfernt zu sein. – Es ist ja so unendlich geheimnisvoll, das Reich der Tränen.

8. Die empfindliche Blume

Die Blume, von der er gesprochen hatte, lernte ich ganz allmählich näher kennen. Auf seinem Planeten hatte es eigentlich schon immer Blumen gegeben. Die waren aber nur klein und hatten strahlenförmig angeordneten Blütenblätter, die nicht sonderlich auffielen. Der kleine Prinz nahm sie nur beiläufig wahr, wenn sie sich am Morgen entfalteten und den Tag über ein wenig im Winde zitterten und am Abend wieder in sich zusammensanken. Aber jene Blume, die hatte eines Tages aus einem ganz besonderen Samen Wurzeln geschlagen, aus einem Samen, den der Sonnenwind gewiss von weit, weit her auf seinen Planeten geweht hatte. Der kleine Prinz hatte das Wachstum dieses Sprosses, der so ganz anders als die anderen Sprösslinge war, genauestens beobachtet. Es hätte schließlich auch eine exotische Art Affenbrotbaum sein können. Jedoch hielt der Stängel beizeiten in seinem Wachstum inne und begann an seiner Spitze eine Knospe auszubilden. Diese Knospe wurde immer größer, sie wurde so groß, dass der kleine Prinz schon jeden Augenblick ihr Aufbrechen erwartete. Er war äußerst gespannt darauf, zu sehen, welch wunderbare Erscheinung sich dieser Hülle entwinden würde. Dass es etwas Wundervolles sein musste, das spürte er am erwartungsvollen Pochen seines Herzens jedes Mal, wenn er zu ihr trat, um nach ihr zu schauen. Doch die Blumenblüte schien sich nicht entschließen zu können, sich dem Licht zu präsentieren. Sie ließ den kleinen Prinzen warten.

Was, um Gotteswillen, mochte sie da im Verborgenen nur so lange treiben? Sie schien ihren großen Auftritt mit äußerster Sorgfalt vorzubereiten. Vielleicht legte sie erst noch die genaue Reihenfolge fest, in welcher sich ihre Blütenblätter entfalten sollten? Und vielleicht wählte sie deren jeweilige Farbtöne aus, von dezent bis kräftig? Sie schien wohl ihre Garderobe bis aufs letzte Fältchen zu prüfen. Sie verwarf womöglich den einen oder anderen bereits gefassten Entschluss wieder und probierte alles neu? So verging Tag um Tag, und der kleine Prinz machte bereits ein enttäuschtes Gesicht und seufzte. Zuletzt näherte er der Knospe sogar sein Ohr, in der vagen Hoffnung, das ihr innewohnende Geheimnis zu erlauschen ...

Doch dann auf einmal war es soweit; die ersten Strahlen der Morgensonne tauchten den Platz in ein festliches Licht, als sich die Knospe mit großzügiger Geste öffnete und sich die Blüte in all ihrer Pracht enthüllte. Sie wand und reckte sich noch ein bisschen, sie hielt vornehm ein aufkommendes Gähnen zurück und sagte mit einem leisen, doch deutlichen Unterton des Vorwurfs in der Stimme: „Entschuldigung. Ich bin ja noch ganz zerknittert.“ – Was wohl so viel heißen sollte wie: ‚Nun starre doch nicht so!‘
Und sie setzte im selben Tonfall hinzu: „Ich bin doch eben erst aufgewacht.“
Der kleine Prinz war zutiefst beeindruckt. Seine Verunsicherung war ihm äußerst peinlich, doch er wusste nicht, wie er sie verbergen sollte. Er kniete sich nieder und wisperte: „Ich ... Es ist nur, weil ... Mein Gott ... Sie sind so wunderschön!“

„Ach, na ja", erwiderte die Blume versöhnlich und fügte bedeutungsvoll hinzu: „Und ich bin genau im selben Moment aufgegangen wie die Sonne."

Der kleine Prinz ahnte hier bereits, dass sie nicht sonderlich bescheiden zu sein schien, aber sie war so wundervoll. Sie zupfte ihre Blütenblätter noch ein wenig zurecht und bemerkte sanft: „Wird es nicht allmählich Zeit fürs Frühstück?"

Und da der kleine Prinz nicht gleich reagierte, weil er noch ganz verwirrt war, wurde sie deutlicher: „Würdest du bitte eventuell auch an mich denken?"

Da sprang der kleine Prinz auf die Füße und lief, eine Gießkanne voll Wasser zu holen.

Die Blume wirkte manchmal äußerst scheu, sie konnte aber trotzdem ihre tief sitzende Eitelkeit nicht verbergen, und es gelang ihr oft, dem kleinen Prinzen einen Anlass zu geben, sich schuldig zu fühlen. Einmal kam sie auf ihre vier Dornen zu sprechen, die sie soeben sorgfältig gespitzt hatte: „Meinetwegen können die Tiger ruhig herkommen und ihre Krallen ausstrecken."

„Auf meinem Planeten gibt's keine Tiger", hatte der kleine Prinz energisch klargestellt, „und außerdem fressen die kein Grünzeug. Da brauchen Sie keine Angst zu haben."

Nach einem sonderbar langen Schweigen sagte die Blume sanft: „Ach so. In deinen Augen bin ich also ... Grünzeug."
Der kleine Prinz schluckte.

„Oh, entschuldigen Sie bitte, ich wollte Sie nicht ..."

„Und übrigens", fuhr die Blume fort, „habe ich nicht die geringste Angst vor Tigern. Mach dir darüber bitte keine unnötigen Gedanken. Aber dass es hier auf diesem Planeten unaufhörlich zieht, das finde ich grauenhaft. Hättest Du vielleicht einen Wandschirm?"

Der Ausdruck „grauenhaft" löste einen bedenklichen Nachklang im Inneren des kleinen Prinzen aus, und er dachte bei sich: ‚Zieht es hier wirklich ständig? Oder ist es nicht doch nur ein sanfter Planetenwind, der leicht über die Gräser streicht, damit sie lebendig aussehen? - Die Blume ist offenbar recht sensibel.'

„Über Nacht solltest Du am besten eine Glasglocke über mich stellen", verlangte sie. „Es ist so kalt bei dir. Das ist nachteilig für meine Gesundheit. Wo ich herkomme, war es immer …"

Sie stockte, weil ihr in diesem Moment peinlich bewusst wurde, dass sie ja als schlafendes Samenkörnchen hierhergekommen war. Wie könnte Sie denn wissen, woher der Wind sie gebracht hatte? Sie errötete sichtlich, wandte sich schnell ab und hustete in der naiven Hoffnung, dass ihre kleine Lüge unbemerkt geblieben wäre.

„Was ist nun mit dem Wandschirm?", hüstelte sie.

„Jaja, ich wäre schon längst losgegangen, um ihn zu holen, aber Sie haben ja noch mit mir gesprochen.“

Als sich der kleine Prinz entfernte, hörte er sie hinter sich heftiger husten. Und obwohl er sich eigentlich keiner Schuld bewusst war, begannen ihn Gewissensbisse zu plagen.

Ich hörte dem kleinen Prinzen aufmerksam zu, obwohl ich mit meiner schweren und komplizierten Arbeit beschäftigt war. Ich hatte mich entschlossen, das defekte Aggregat des Motors auszubauen und es in den Schatten unter die Tragfläche zu wuchten, weil sich sein Gehäuse in der prallen Wüstensonne dermaßen aufheizte, dass ich es nicht berühren konnte. Im Schatten war die Tageshitze erträglicher. So hoffte ich, weniger trinken zu müssen, doch mein Wasservorrat verflüchtigte sich trotzdem unaufhaltsam. Dem kleinen Prinzen allerdings schien das alles überhaupt nichts auszumachen.

Er erzählte weiter von seiner Blume und wie sehr er sich ihre belanglosen Worte zu Herzen genommen hatte und wie verunsichert er darüber geworden war.

„Eigentlich darf man nicht so genau darauf achten, was die Blumen so daherreden“, meinte er, „denn dafür sind sie gar nicht da. Man soll sie anschauen, ihren Duft einatmen und sie bewundern. Diese Blume hat meinen ganzen Planeten mit ihrem Zauber erfüllt, aber es ist mir nicht gelungen, darüber glücklich zu sein. Diese merkwürdige

Sache mit den Tigern, die mich so verärgert hat ... Ich weiß jetzt, dass sie mich damit im Grunde nur angefleht hatte, sie zu beschützen. Ich hätte ihr einfach nur sagen sollen, dass ich sie vor sämtlichen Tigern, die es im Universum gibt, mit meinem eigenen Leben schützen würde. Und ich wäre ja ohne zu zögern bereit dazu gewesen."

Er gestand mir später noch: „Ich hätte sie einfach nach ihrem Wesen und nicht nach ihren Worten einschätzen sollen. Wie wundervoll sie für mich blühte und duftete. Wäre ich doch nur bei ihr geblieben! Jetzt kann ich in all ihren bitteren Worten und selbst in ihren kleinen Lügen ihre Zuneigung entdecken. Die Blumen, weißt du, geben sich nur so kompliziert und widersprüchlich, weil sie sich der Einfachheit ihres Wesens schämen. Aber leider hatte ich das damals noch nicht begriffen."

9. Schwerer Abschied

Es ist zu vermuten, dass er sich für seine Reise einem Schwarm von Zugvögeln angeschlossen hatte. Am Morgen kurz vor seinem Aufbruch putzte er seinen Planeten noch und räumte ihn ordentlich auf. Mit der auch sonst üblichen Gründlichkeit kehrte er seine tätigen Vulkane aus. Er besaß nämlich zwei tätige Vulkane, die er zum Essenkochen benutzte. Es gab auch einen bereits erloschenen Vulkan. Weil er aber wusste, dass Vulkane sich im Allgemeinen unberechenbar verhielten, reinigte er auch diesen. Er hatte die Erfahrung gemacht, dass seine Vulkane eine stetige und gleichmäßige Hitze wie jedes normale Herdfeuer lieferten, wenn sie gut gekehrt wurden. Dann waren auch keine heftigen Ausbrüche zu befürchten.

Bei uns auf der Erde sind die Vulkane natürlich viel zu groß, als dass wir sie kehren könnten. Da passiert es gelegentlich, dass sie große Schäden anrichten.

Der kleine Prinz rupfte auch ein paar frische Sprösslinge aus, die er für Affenbrotbaumtriebe hielt, auch wenn er sich dabei nicht ganz sicher war. Es wurde ihm dabei schwer ums Herz. Er ahnte wohl, dass er nicht mehr zurückkehren würde. Alle diese vertrauten Handgriffe, die ihn sonst so gelangweilt hatten, erfüllten sein Gemüt an diesem Morgen mit der Bitterkeit des bevorstehenden Abschieds. Und als er die Blume zum allerletzten Mal goss und die Glasglocke über sie stellen wollte, überkam ihn das Bedürfnis zu weinen. Doch er wehrte sich dagegen und sagte: „Adieu."
Aber die Blume regte sich nicht. Er betrachtete sie eine Weile und wiederholte dann: „Adieu."
Da wandte sie sich ihm endlich zu und sagte: „Ich wünsche dir von ganzem Herzen, dass du glücklich wirst."

Er war völlig überrascht. So etwas hätte er am allerwenigsten erwartet. Sollte denn wirklich jeder Vorwurf ausbleiben? Ganz verwirrt stand er da wie bei ihrer ersten Begegnung. Er konnte das Rätsel ihrer Sanftmut nicht entschlüsseln. Hilflos hielt er die Glasglocke in den Händen.

„Ich werde dich vermissen“, sprach die Blume weiter. „Und ich werde jeden Tag tausend Mal an dich denken. Das Geräusch deiner Schritte wird mir fehlen, der Klang deiner Stimme, dein nachdenklicher Blick, dein blondes Haar, das sich im Wind bewegt. – Aber das ist nicht so wichtig. Lass die Glasglocke, ich will sie nicht mehr.“

„Was ist, wenn es windig wird in den Nächten?“

„Ich werde es überstehen. Die frische Luft wird mir gut tun. Ich bin eine starke Blume.“

„Aber das Ungeziefer …“

„Ein paar von den Raupen werde ich schon aushalten, wenn ich dafür den Schmetterlingen zusehen kann. Sie werden mich trösten, wenn ich mich einsam fühle. Wer sonst wird mir Gesellschaft leisten? Du wirst ja weit weg sein. Und falls sich doch einmal ein gefährliches Tier hierher verirrt – ich brauche keine Angst zu haben.“

Und sie zeigte ihm ihre vier Dornen, als würde sie wirklich an deren Wehrhaftigkeit glauben.

„Zieh den Abschied nicht so in die Länge. Du hast dich nun einmal entschlossen. Also geh!“

Obwohl sie ihm so wundervolle Geständnisse gemacht hatte, weigerte sie sich standhaft, ihm ihre Tränen zu zeigen. Das wäre auch unnötig gewesen, denn er hatte nicht den leisesten Zweifel daran, dass sie weinen würde. Aber sie hatte sich ihren Stolz bewahrt.

10. Die Macht des alten Königs

Er durchstreifte zunächst die Region der Asteroiden 325, 326, 327, 328, 329 und 330. Er wollte die genannten Himmelskörper besuchen, nicht nur, um sich die Zeit zu vertreiben, sondern auch aus Gründen der Allgemeinbildung.

Auf dem ersten residierte ein König. Der hockte in seinen prächtigen Hermelin gehüllt auf einem sehr majestätischen Thron.

„Na endlich, ein Untertan!“, rief er freudig aus, wobei er sich straffte und eine ausgesprochen würdevolle Haltung einnahm.

Der kleine Prinz wunderte sich ein wenig darüber, woher der König wohl wissen mochte, dass er einen seiner Untertanen vor sich hatte. Er war sich unschlüssig, ob das denn auch für ihn zuträfe. Er ahnte noch nichts von der höchst einfachen Sichtweise, welche den großen Majestäten dieser Welt zu eigen ist und welche besagt, dass grundsätzlich alle nichtköniglichen Menschen als Untertanen zu bezeichnen und zu behandeln sind.

„Tritt näher, damit ich dich richtig anschauen kann!“, befahl der König. Er sprach mit einer strengen Stimme, die keinen Widerspruch duldete. Trotzdem war es ihm deutlich anzumerken, wie froh er war, endlich einmal über jemanden herrschen zu können.

Der kleine Prinz gehorchte unverzüglich. Dabei bewegte er sich sehr behutsam auf Zehenspitzen vorwärts, um nicht versehentlich auf den kostbaren Hermelin zu treten, der fast den ganzen Planeten bedeckte. Vor dem Thron blieb er ehrfurchtsvoll stehen, wobei er von dem Monarchen von oben herab gemustert wurde. Da nun eine ganze Weile nichts weiter geschah, spürte er eine aufkommende Müdigkeit und es überkam ihn das Bedürfnis zu gähnen.

„Es gehört sich nicht, während einer königlichen Audienz unaufgefordert den Mund zu öffnen!“, wies ihn der Monarch zurecht und fügte mit erhobenen Augenbrauen hinzu: „Ich untersage es dir ein für alle Mal!“

„Verzeihung“, erwiderte der kleine Prinz ganz verwirrt, „das Gähnen war so plötzlich über mich gekommen, dass ich es nicht unterdrücken konnte. Die lange Reise hat mich ermüdet und außerdem ...“

„Wenn das so ist“, unterbrach ihn der König, „dann befehle ich dir zu gähnen.“

Der kleine Prinz sah ihn von unten herauf an, als hätte er nicht richtig verstanden.

„Nun mach schon!“, mahnte ihn der König. „Ich habe schon lange keinen mehr so richtig gähnen sehen. Jemandem beim Gähnen zuzuschauen, ist für mich eine äußerst seltene Gelegenheit. Also, worauf wartest du! Gähne! Das ist ein Befehl!“

„Tut mir leid, ich ...“, stammelte der kleine Prinz und errötete. „Das funktioniert bei mir nicht so ... aufs Kommando ...“

Der König blickte ihn missbilligend an und sagte mit sichtlicher Verärgerung: „Also gut, dann befehle ich dir, zu gähnen, sobald du dazu in der Lage bist! Und übrigens hast du mich gefälligst Majestät zu nennen.“

Der König war sorgfältig darauf bedacht, dass seine Autorität respektiert wurde. Dazu gehörte es natürlich, dass man ihm widerspruchslos und strikt gehorchte. Dies sind nun einmal die Grundprinzipien einer absolutistischen Monarchie.

Trotz seiner Müdigkeit war der kleine Prinz viel zu höflich, um dem König seine Aufmerksamkeit zu versagen. Dadurch fühlte sich dieser bemüßigt, seinen jungen Besucher über die besonderen Gepflogenheiten seiner Regentschaft aufzuklären. Er referierte ausführlich darüber, dass er im Grunde ein sehr gütiger Herrscher sei, der seine Befehle stets mit Bedacht erteilte. „Wenn ich einem General befehlen würde, sich in eine Möwe zu verwandeln“, sprach der König, „und wenn der General den Befehl verweigern würde, dann wäre es nicht seine Schuld, sondern meine.“

An dieser Stelle kam der kleine Prinz endlich seinem königlichen Gebot nach und gähnte sehr herzhaft mit weit geöffnetem Mund, woraufhin ihm der König wohlwollend zunickte.

„Dürfte ich mich vielleicht setzen?“, bat der kleine Prinz schüchtern, dem das lange Stehen ein wenig schwerzufallen begann.

„Ich befehle dir, dich hinzusetzen!“, antwortete der König, wobei er gnädig auf den zu seinen Füßen liegenden Hermelin deutete.

„Erlauben Sie eine Frage, Majestät?“, fragte der kleine Prinz, dem etwas auf dem Herzen zu liegen schien.

„Ich befehle dir, mir deine Frage zu stellen!“

„Nehmen Sie es mir bitte nicht krumm“, begann der kleine Prinz, „aber Ihr Planet, der ist doch nur popelklein, und außer Ihnen ist hier weit und breit niemand zu sehen. Also, ich frage mich schon die ganze Zeit: Worüber herrschen Sie eigentlich?“

„Über alles“, war die klare und einfache Antwort des Königs.

„Nein, wirklich?“, staunte der kleine Prinz. „Über alles?“

Der König wies stolz mit einer allumfassenden Geste auf das gesamte Himmelsgewölbe um sich herum.

„Sie herrschen über die Sonne, über die Planeten und über alle Sterne?“, vergewisserte sich der kleine Prinz.

„Über all das“, bestätigte der König mit einem merkwürdigen Anflug von Bescheidenheit. Er war nicht nur ein absolutistischer Monarch, sondern offenbar auch ein universalistischer.

„Ja, aber ... gehorchen Ihnen die Sterne denn auch?“

„Selbstverständlich“, antwortete der König. „Sie haben mir aufs Wort zu gehorchen, denn Ungehorsam wird bei mir nicht geduldet.“

Angesichts einer solchen Machtfülle war der kleine Prinz nahezu benommen vor Staunen. Er stellte sich vor, wie es denn wäre, wenn die Sterne und Planeten einfach so seinen Winken folgen würden. Dann könnte er nicht bloß dreiundvierzig Sonnenuntergänge pro Tag erleben, sondern zweiundsiebzig oder sogar hundert oder womöglich zweihundert oder noch mehr, ohne dass er seinen Stuhl weiterrücken müsste. Und weil ihm bei der Erinnerung an seinen kleinen Planeten ein bisschen wehmütig ums Herz wurde, überwand er seine Schüchternheit und bat den König:

„Ach bitte, Majestät, dürfte ich Sie wohl um eine einfache Gnade bitten?“

„Ich befehle dir, mich um eine Gnade zu bitten!“

„Würde es Ihnen etwas ausmachen, der Sonne zu befehlen, unterzugehen?“

Der König lehnte sich auf seinem Thron zurück, räusperte sich und begann zu erklären: „Wenn ich einem General befehlen würde, wie ein Schmetterling von einer Blume zu nächsten zu flattern oder ein Theaterstück zu verfassen oder sich in eine Möwe zu verwandeln, und wenn der General meinen Befehl verweigern würde, wer trüge daran wohl die Schuld? Der General oder ich?“

„Ich denke, da wären Sie selber schuld“, schlussfolgerte der kleine Prinz.

„So ist es“, bestätigte der König. „Meine Autorität beruht einzig und allein auf ihrer Vernunft. Wenn ein Herrscher seinem Volke befehlen würde, im Gleichschritt auf die Felsklippen zuzumarschieren und sich ins Meer zu stürzen, wird es wahrscheinlich revoltieren. Oder nein, das war ein schlechtes Beispiel. Es gibt Völker, die in der Tat so blöd sind wie Hammelherden ... Wie dem auch sei, ich jedenfalls habe das Recht, Gehorsam zu verlangen, weil meine Befehle vernünftig sind.“

„Und was ist nun mit meinem Sonnenuntergang?“, fragte der kleine Prinz erwartungsvoll.

„Ich werde dir die Gnade erweisen, der Sonne den Untergang zu befehlen“, kündigte der König huldvoll an. „Und du sollst sehen, wie strikt sie meine Anweisungen befolgt.“

In freudiger Erwartung setzte sich der kleine Prinz zurecht und schaute zur Sonne empor. Da der König allerdings keine Anstalten machte, seine angekündigte Absicht in die Tat umzusetzen, bemerkte der kleine Prinz: „Meinetwegen kann es jetzt losgehen ...“

„Aber doch nicht jetzt gleich“ , stellte der König klar. „Ich werde den Sonnenuntergang durchführen lassen, wenn die Bedingungen dafür günstig sind.“

„Und wann wird das sein?“, wollte der kleine Prinz wissen, über dessen Gesicht ein dunkler Hauch von Enttäuschung wehte.

„Das wird sein gegen ...“, murmelte der König, während er in einem Kalender blätterte, „... also, das … das wird heute Abend gegen sieben Uhr vierzig sein. Dann wird die Sonne auf meinen Befehl untergehen.“

Der kleine Prinz war nicht nur enttäuscht, sondern auch ein bisschen verärgert. Er langweilte sich und gähnte ein ums andere Mal.

„Ich denke, hier gibt es für mich nichts Neues mehr zu erfahren“, gab er dem König recht kühl zu verstehen. „Dann werde ich mich also wieder verabschieden.“

„Aber nein, wenn du hierbleibst, wird es sich für dich lohnen“, versprach der König, der seinen Untertanen gern behalten wollte. „Ich ernenne dich zum Minister!“

Der kleine Prinz wiegte unschlüssig den Kopf: „Zu was denn für einem Minister?“

„Zum ... nun ja … Ich könnte einen Justizminister gebrauchen. Du könntest Gesetze erlassen.“

„Aber es ist doch keiner da, für den die Gesetze nötig wären.“

„Keiner da?“, zweifelte der König. „Ich bin mir nicht so sicher. Ich habe mein Königreich schon längere Zeit nicht mehr inspiziert. Leider habe ich hier keinen Platz für eine Staatskarosse, mit der ich standesgemäß herumfahren könnte. Und wegen meines fortgeschrittenen Alters ist das Gehen zu anstrengend für mich.“

„Aber Sie können mir ruhig glauben“, versicherte der kleine Prinz, „dass auch auf der anderen Planetenseite niemand ist.“

„Du könntest als Justizminister die Gesetze erlassen und gleichzeitig als Oberster Richter diese Gesetze an dir selbst erproben“, schlug der König vor. „Es ist eine viel größere Herausforderung, über sich selbst zu richten, als andere zu verurteilen; das kann jeder. Wenn es dir aber gelingt, an dir selbst Gerechtigkeit zu üben, dann bekommen deine Gesetze eine universelle Bedeutung.“

„Ich muss ja nicht unbedingt Oberster Richter sein, um zu entscheiden, was gut für mich ist“, meinte der kleine Prinz, der es allmählich ermüdend fand, den Ausführungen des Königs zu folgen.

„Ich glaube“, sagte der König, „dass es hier irgendwo eine alte Ratte gibt. Manchmal höre ich ein Rascheln in der Nacht. Du könntest ja über diese Ratte richten und sie streng bestrafen. Ihr Leben wäre von deinem Richterspruch abhängig, denn du könntest sie zum Tode verurteilen. Du hättest unbeschränkte Macht über sie, stell dir vor! Ist das nicht eine reizvolle Aufgabe? Aber du solltest sie jedes Mal kurz vor der Hinrichtung begnadigen. Wir haben nur die eine."

„Ich glaube, es ist besser, wenn ich jetzt abreise", sagte der kleine Prinz.

„Ich verbiete es dir!", versuchte der König ein letztes Mal, ihn aufzuhalten.

Der kleine Prinz, der gewissermaßen bereits auf dem Sprung war, wollte dem alten Monarchen eine Chance lassen, sich seine Würde zu bewahren: „Es ist doch so, dass Sie keinen Ungehorsam dulden, nicht wahr, Majestät? Wie wäre es, wenn Sie mir jetzt gleich den Befehl erteilen würden, innerhalb einer Minute zu verschwinden? Die Umstände dafür scheinen gerade recht günstig zu sein …"

Der kleine Prinz wartete noch auf eine Erwiderung des Königs, doch als diese ausblieb, zuckte er die Schultern und flog ab.

„Ich ernenne dich zu meinem Gesandten!", hörte er den König hinter sich noch aus einiger Entfernung rufen.

‚Dieser König besitzt eine sonderbare Autorität', dachte sich der kleine Prinz auf seiner Reise.

11. Der Eitle

Auf dem zweiten Planeten lebte ein außerordentlich eitler Mann.

„Ach, wie schön!", rief der Eitle freudig aus, schon als er den kleinen Prinzen von weitem erblickte. „Ich bekomme Besuch von einem begeisterten Verehrer!"

Dieser Eitle hielt offenbar alle anderen Leute für Verehrer, die ihn bewunderten.

„Guten Tag“, grüßte der kleine Prinz, nachdem er seine Füße auf den kleinen Planeten gesetzt hatte und bemerkte: „Das ist ein lustiger Hut, den Sie da aufhaben.“

„Das ist der schönste Hut der Welt“, erklärte der Eitle. „Ich grüße immer damit, wenn mir jemand zujubelt. Willst du es mal sehen?“

„Ja, gern“, sagte der kleine Prinz, weil er nicht unhöflich sein wollte.

„Dann klatsche deine Hände zusammen“, forderte der Eitle ihn auf.

Der kleine Prinz begriff nicht gleich, was das bezwecken sollte. Zag-haft klatschte er in die Hände. Da grüßte der Eitle sehr freundlich, indem er seinen Hut lüpfte.

‚Das ist jedenfalls schon etwas unterhaltsamer, als die Audienz beim König‘, dachte der kleine Prinz.

Und er klatschte heftiger und immer heftiger in die Hände. Der Eitle grüßte wieder und wieder mit seinem Hut und schwenkte ihn sogar über seinem Kopf.

Nach einigen Minuten hatte der kleine Prinz allerdings genug von der Klatscherei, denn das Spiel erwies sich schnell als ziemlich eintönig. Darum fragte er: „Kann man mit dem Hut auch etwas anderes machen?" Und er schlug vor: „Wir könnten ihn uns vielleicht gegenseitig zuwerfen."

Aber der Eitle reagierte nicht darauf. Die Eitlen hören vermutlich immer nur das, was ihnen genehm ist.

„Bewunderst du mich?", wollte der Mann vom kleinen Prinzen wissen, doch der zögerte mit der Antwort.

„Ach, naja, was heißt eigentlich bewundern ...?"

„Bewundern heißt anzuerkennen, dass ich der allerschönste, der allerreichste, der allerintelligenteste und natürlich der bestangezogenste Bewohner dieses Planeten bin."

„Sie sind doch hier aber der einzige Planetenbewohner."

„Egal. Du kannst mich ja trotzdem bewundern!"

„Und wie soll ich das machen?", wollte der kleine Prinz wissen.

„Sag es!", rief der Eitle begierig aus, indem er dem kleinen Prinzen erwartungsfroh ins Gesicht starrte.

„Also dann bewundere ich Sie eben", murmelte der kleine Prinz, der sich unangenehm bedrängt fühlte.

„Bewunderst du mich auch wirklich sehr?"

„Ja, meinetwegen", antwortete der kleine Prinz.

„Sprich es aus!", verlangte der Eitle begierig.

„Wenn es Ihnen Freude macht", murmelte der kleine Prinz lustlos, „also schön. Ich bewundere Sie, weil Sie so schön und reich und intelligent sind und weil Sie so tolle Klamotten anhaben. Aber wozu ist Ihnen das denn so wichtig?"

Doch der Eitle antwortete nicht. Er hatte seine Augen geschlossen und lächelte ganz verklärt in sich hinein. Diesen Moment nutzte der kleine Prinz, um sich davon zu machen.

‚Die erwachsenen Leute scheinen ja ziemlich sonderbar zu sein', dachte er bei sich auf seiner Reise.

12. Der Alkoholiker

Auf dem nächsten Planeten, von dem ein unangenehmer Geruch auszugehen schien, hauste ein recht verwahrlost aussehender Mann. Der kleine Prinz sah ihn an einem Tisch vor einem Haufen leerer und einer Reihe voller Flaschen sitzen. Er hatte das Empfinden, dass hier irgendetwas nicht stimmte.

„Geht es Ihnen vielleicht nicht gut?", fragte er den trübsinnig vor sich hin blickenden Mann. Doch der ließ plötzlich ein strahlendes Lächeln sehen, er breitete seine Arme aus und rief: „Oh nein, mir geht es blendend! Es geht mir wirklich gut! Mir ist es noch nie besser gegangen!"

Fröhlich lachend prostete er dem kleinen Prinzen zu und leerte sein Glas in einem Zug. Sein Lachen war so herzlich und ansteckend, dass es den kleinen Prinzen erheiterte.

„Und womit beschäftigen Sie sich hier auf diesem Planeten hauptsächlich?“, erkundigte er sich, weil er hoffte, über das Thema der Beschäftigung ein unterhaltsames Gespräch anknüpfen zu können. Das Gesicht des Mannes verdüsterte sich jedoch unversehens zu einer wütenden Grimasse. Er schlug mit der Faust auf den Tisch und brüllte: „Womit ich mich beschäftige?! Ich saufe!“

Der kleine Prinz war über diesen plötzlichen Stimmungswandel ziemlich bestürzt, doch er fragte: „Aber weshalb tun Sie das denn?“

„Damit ich vergesse!“, antwortete der Alkoholiker mit gequälter Grabesstimme.

„Was wollen Sie denn vergessen?“, erkundigte sich der kleine Prinz, der ein mitleidiges Bedürfnis verspürte, dem Mann zu helfen.

„Ich muss unbedingt vergessen, dass ich mich so sehr schäme“, gestand der Alkoholiker mit großer Offenherzigkeit und begann bitterlich zu weinen, wobei er mehrfach laut schluchzend mit der Stirn auf die Tischplatte schlug.

„Aber weshalb schämen Sie sich denn?“, fragte der kleine Prinz, dem ganz unwillkürlich die Tränen in die Augen getreten waren. Da hob der Alkoholiker seinen Kopf und lachte: „Na, weil ich saufe!“

Dann schenkte er sich erneut ein und erhob fröhlich sein Glas.

„Mir geht es wirklich gut! Prost!“, rief er dem kleinen Prinzen nach, der den Planeten geradezu fluchtartig verließ.

Obwohl dieser Besuch so kurz und weitestgehend inhaltsleer war, hatte er den kleinen Prinzen in eine sorgenvolle Schwermut getaucht.

‚Die erwachsenen Leute sind ausgesprochen wunderlich‘, dachte er bei sich auf seiner Reise.

13. Der Geschäftsmann

Auf dem vierten Planeten hatte sich ein Geschäftsmann niedergelassen. Das Gesicht dieses Mannes war ganz rot und verschwitzt und es war aufgedunsen wie ein Schwamm. Er war so sehr in seine Beschäftigung vertieft, dass er den kleiner Prinzen gar nicht zu bemerken schien. Er hob noch nicht einmal den Blick, als dieser bereits vor ihm stand.

„Guten Tag", sagte der kleine Prinz. „Ihre Zigarre ist aus."

„Drei und zwei ist fünf. Fünf und sieben ist zwölf. Zwölf und drei ist fünfzehn. Ja, äh, guten Tag. Fünfzehn und sieben ist zweiundzwanzig. Zweiundzwanzig und sechs ist achtundzwanzig. Keine Zeit, sie anzuzünden. Sechsundzwanzig und fünf ist einunddreißig. Du meine Güte! Das ergibt fünfhunderteinemillionsechshundertzweiundzwanzigtausendsiebenhunderteinunddreißig. Uff!"

„Fünfhunderteine Million was?", zeigte sich der kleine Prinz interessiert.

„Wie – was?“, fragte der Geschäftsmann beiläufig, wobei er sich mit einem Tuch den Schweiß von der Stirn tupfte. „Zwei und fünf ist sieben. Bist du immer noch da? Sieben und drei ist ...“

„Fünfhunderteine Million wovon?“, versuchte der kleine Prinz seine Frage zu präzisieren.

„... ist zehn. Zehn und ... Wovon? Das weiß ich doch nicht! Dazu bin ich viel zu beschäftigt! Ich bin ein vernünftiger Mensch. Ich hab keine Zeit für Kinderkram. Zehn und fünf ist …“

„Fünfhunderteine Million von was für Sachen?“, beharrte der kleine Prinz auf seiner Frage, denn wenn er einmal eine Frage gestellt hatte, dann bestand er stets recht hartnäckig auf einer Antwort.

Jetzt endlich sah der Geschäftsmann von seinen Zahlen auf.

„Meine Geschäftsniederlassung auf diesem Planeten besteht nun schon vierundfünfzig Jahre. Seitdem bin ich nur dreimal gestört worden. Beim ersten Mal, das war vor zweiundzwanzig Jahren, da brummte ein Maikäfer hier herum. Der machte so einen Krach, dass mir in einer einzigen Rechnung vier Fehler unterliefen. Das zweite Mal, vor elf Jahren, hatte ich einen rheumatischen Anfall. Mir fehlt es an Bewegung. Ich habe keine Zeit dafür, denn ich bin ein vernünftiger Mensch. Und das ist nun das dritte Mal! – Wo war ich stehengeblieben? Ah ja, bei fünfhunderteiner Million …“

„Wovon?“

Der Geschäftsmann hielt seufzend inne, und um endlich Ruhe zu haben, versuchte er zu erklären: „Millionen von diesen kleinen Dingern da oben am Himmel.“

„Fliegen?“

„Ach Unsinn! Diese glänzenden Dinger...“

„Bienen?“

„Herrgott nochmal, nein! Es sind diese goldenen Glitzerdinger, von denen manche Leute träumerisch werden. Aber ein vernünftiger Mensch hat keine Zeit für Träumereien.“

„Meinen Sie die Sterne?“

„Äh, ja, genau die meine ich.“

„Was machen Sie mit den fünfhundert Millionen Sternen?“

„Wo war ich stehengeblieben ... Also fünfhunderteinemillionsechshundertzweiundzwanzigtausendsiebenhunderteinunddreißig. Ich bin da sehr genau, wie es sich für einen vernünftigen Menschen gehört.“

„Also was machen Sie denn nun mit all diesen Sternen?“

„Wie? Was ich damit mache?“

„Ja.“

„Gar nichts. Sie gehören mir.“

„Die Sterne ... gehören Ihnen?“

„Genau.“

„Aber ich habe neulich einen König getroffen, der bereits von sich behauptet hat, über sämtliche Sterne zu herrschen.“

„Na und? Über etwas herrschen ist eine ganz andere Angelegenheit, als etwas zu besitzen. Könige und sonstige Regierende herrschen doch in aller Regel über Dinge, die ihnen nicht gehören. Deshalb gehen sie oft sehr leichtfertig damit um. Und darum unterlaufen Ihnen auch so viele Fehlleistungen, die ihren Untertanen Verdruss bereiten.“

„Und was haben Sie davon, so viele Sterne zu besitzen?“

„Mein Besitz macht mich reich.“

„Und wie nutzen Sie diesen Reichtum?“

„Ich kaufe mir noch mehr Sterne.“

Der kleine Prinz begann zu ahnen, dass sich das Denken dieses vernünftigen Mannes ebenso im Kreise drehte wie das des Alkoholikers. Doch er wollte der Sache auf den Grund gehen. „Wie gelangen die Sterne denn eigentlich in Ihren Besitz?“

Obwohl sich der Geschäftsmann vom kleinen Prinzen gestört fühlte, schien es ihm gut zu tun, dass sich jemand für die Gepflogenheiten seines Unternehmens interessierte. Er zündete seine Zigarre an und begann zu erklären: „Wenn du beispielsweise irgendwo einen Haufen Diamanten herumliegen siehst, den niemand sonst für sich beansprucht, dann ist es deiner. Wenn du eine Insel entdeckst, die niemandem gehört, kannst du sie haben. Wenn du als erster eine Idee hast und du lässt sie patentieren, gehört sie dir. Und ich besitze die Sterne, weil ich als erster daran gedacht habe und weil kein anderer einen Anspruch darauf erhoben hat."

„Und was machen Sie jetzt damit?"

„Ich registriere sie. Dann zähle ich sie und zähle sie wieder, damit sie weiterhin in meinem Besitz bleiben", antwortete der Geschäftsmann. „Das ist selbst für einen vernünftigen Menschen wie mich keine einfache Sache."

Der kleine Prinz war noch immer bemüht, den eigentlichen Sinn in der Tätigkeit des Geschäftsmannes zu entdecken. Er sagte: „Ich besitze einen Seidenschal, den kann ich um meinen Hals wickeln. Ich habe auch eine Blume, die könnte ich in einen Topf pflanzen und mitnehmen, wenn ich das wollte. Aber was können Sie mit den Sternen anstellen, die Ihnen gehören."

„Ich kann sie in einer Bank deponieren."

„Was bedeutet das?"

„Ich schreibe die Anzahl meiner Sterne auf ein Stück Papier und bringe es auf die Bank. Dort wird es in ein Schließfach gelegt, wo es vor fremdem Zugriff sicher ist."

„Und wo ist der Sinn dabei?"

Der Geschäftsmann schien dieser Frage ein Weilchen nachzulauschen, doch dann winkte er ab und meinte: „Der Sinn? Der Sinn ist dabei unwichtig. Ich bin jedenfalls ein vernünftiger Mensch."

Mit diesen Worten hatte sich der Geschäftsmann wieder über seine Arbeit gebeugt.

Der kleine Prinz schaute ihn amüsiert an. Bevor er den Planeten verließ, sagte er noch: „Ich habe eine Blume und drei Vulkane. Es ist gut für meine Blume und für meine Vulkane, dass ich sie besitze. Die Blume wird von mir gegossen und beschützt, und die Vulkane werden einmal wöchentlich gekehrt, damit sie schön gleichmäßig brennen. Aber Sie, auch wenn Sie noch so viele Sterne besitzen, Sie haben für die Sterne überhaupt keinen Nutzen, und die Sterne haben keinen Nutzen für Sie.“

Die erwachsenen Leute sind ziemlich ungewöhnlich, sagte sich der kleine Prinz auf der Reise.

14. Der Laternenanzünder

Der fünfte Planet war äußerst merkwürdig. Er war der allerkleinste. Trotz seiner geringen Größe war er schon aus weiter Ferne zu erkennen. Das lag daran, dass in kurzen Zeitabständen ein helles Licht auf ihm erglomm und wieder verlosch wie bei einem Leuchtturm an der Meeresküste. Der kleine Himmelskörper bot gerade Platz genug für eine Straßenlaterne und einen Laternenanzünder.

Der kleine Prinz fragte sich, zu welchem Zweck man hier mitten im weiten Weltall auf einem Planeten ohne Häuser und Bewohner eine Straßenlaterne und einen Laternenanzünder benötigt. Doch er dachte sich bereits, dass dieser Mann wohl ebenfalls ein bisschen verrückt sein müsste, wenn auch nicht gar so verrückt wie der König, der Eitle, der Alkoholiker oder der Geschäftsmann. Die Arbeit, die er tat, hatte zumindest einen erkennbaren Sinn. Es war, als setzte er mit dem Anzünden seiner Laterne gleichsam einen neuen Stern in die Welt, so als würde er eine Blume aus Licht zum Erblühen bringen. Wenn er seine Laterne auslöschte, dann schlief die Sternenblume ein. Der kleine Prinz fand, dass dies eine ausnehmend hübsche Betätigung sei. Und weil sie so hübsch war, empfand er sie auch als einigermaßen nützlich.

„Guten Tag. Warum haben Sie Ihre Laterne eben ausgelöscht?“

„Das ist wegen der Vorschrift. Guten Morgen“, antwortete der Laternenanzünder.

„Was ist das für eine Vorschrift?“

„Die Vorschrift schreibt vor, die Laterne vorschriftsmäßig auszulöschen. Guten Abend.“

Jetzt zündete er sie wieder an.

„Aber warum haben Sie sie eben wieder angezündet?“

„Weil es die Vorschrift so vorschreibt“, antwortete der Laternenanzünder.

„Das verstehe ich irgendwie nicht so ganz“, gab der kleine Prinz zu.

„Das brauchst du auch nicht zu verstehen“, erklärte der Laternenanzünder, „denn dafür gibt es ja schließlich die Vorschrift. Vorschriften sind nicht dazu da, dass man sie versteht, sondern dass man sie vorschriftsmäßig ausführt. Guten Morgen.“

Mit diesen Worten löschte er die Laterne wieder aus. Die Tätigkeit schien ihn schon ein wenig anzustrengen, denn er tupfte sich mit einem Taschentuch die Stirn.

„Diese Arbeit geht manchmal über meine Kraft“, vertraute er dem kleinen Prinzen an. „Früher war es noch erträglich; ich löschte morgens aus und zündete abends an. Damals konnte ich mich tagsüber ausruhen und nachts konnte ich schlafen.“

„Warum wurde die Vorschrift denn geändert?“

„Die Vorschrift wurde nicht geändert“, erwiderte der Laternenanzünder. „Das ist es ja gerade! Der Planet hat sich von Jahr zu Jahr immer schneller gedreht, aber die Vorschrift ist die gleiche geblieben.“

„Ja und?“, fragte der kleine Prinz und der Laternenanzünder fuhr fort: „Jetzt macht dieser verflixte Planet eine volle Umdrehung in jeder Minute. Dadurch hab ich überhaupt keine Ruhe mehr. In jeder Minute muss ich einmal anzünden und einmal auslöschen.“

„Ach, das ist ja witzig!“, lachte der kleine Prinz. „Ein ganzer Tag dauert hier bloß eine Minute!“

„Ich finde das überhaupt nicht witzig“, seufzte der Laternenanzünder. „Es dauert übrigens schon fast eine Woche, dass wir miteinander reden.“

„Eine ganze Woche?“

„Ja, fast sieben Minuten. Also sieben Tage. Guten Abend.“

Und er zündete seine Laterne wieder an.

Der kleine Prinz sah ihm eine ganze Weile bei der Arbeit zu. Er mochte den Laternenanzünder. Er achtete ihn dafür, dass er sich so gewissenhaft an seine Vorschrift hielt. Da musste er an die Sonnenuntergänge auf seinem Heimatplaneten denken, bei denen er seinen Stuhl vorgerückt hatte.

„Ich hätte eine Idee, wie Sie sich ausruhen könnten, wenn Sie das wollten."

„Ausruhen ...", seufzte der Laternenanzünder. „Es gibt wohl nichts, was ich lieber täte."

Der kleine Prinz begann zu erklären: „Dieser Planet ist so klein, dass Sie mit etwas mehr als drei Schritten um ihn herumgehen können. Sie müssen nur recht langsam gehen, um immer in der Sonne zu bleiben. Wenn Sie sich ausruhen wollen, dann gehen Sie einfach spazieren, und der Tag dauert so lange, wie Sie wollen."

„Ja, aber ach, das würde mir nicht viel nützen", meinte der Laternenanzünder. „Was ich mir mehr als alles andere wünsche, ist Schlaf."

„Dann ist es wohl aussichtslos", bedauerte der kleine Prinz.

„Ja, aussichtslos", sagte der Laternenanzünder. „Guten Morgen." Und er löschte die Lampe vorschriftsmäßig aus.

Auf der Weiterreise spürte der kleine Prinz stets ein leises Gefühl von Wehmut, wenn er an den Planeten des Laternenanzünders dachte. Er trauerte diesem Planeten tatsächlich ein wenig nach wegen der tausendvierhundertvierzig Sonnenuntergänge, die man auf ihm innerhalb von vierundzwanzig Stunden genießen könnte.

15. Der Geograf

Der sechste Planet war mindestens zehnmal so groß. Dort saß ein alter Herr an einem mächtigen Schreibtisch, der emsig in einem gewaltigen Buch schrieb.

„Ah, du bist bestimmt ein Forscher!“ rief er schon von weitem, als er des kleinen Prinzen ansichtig wurde. Der kleine Prinz setzte sich an den Tisch und verschnaufte zunächst ein wenig. Er war ja schon weit gereist.

„Bist du nun ein Forscher oder einfach nur ein Tourist?“, fragte ihn der alte Herr. Der kleine Prinz entschloss sich, diese Frage geflissentlich zu übergehen, da er sich selbst nicht recht über die Antwort im Klaren war.

„Was ist das für ein riesiges Buch?“, wollte er wissen.

„Das Buch ist so groß, weil die Dinge, die darin verzeichnet sind, ungeheuer viel Platz benötigen. Es ist nämlich ein geografisches Buch.“

„Und was haben Sie da zu tun?“

„Nun, ich bin Geograf. Meine Aufgabe ist es, alle Meere und Flüsse und Städte und Gebirge und auch die Wüsten in diesem Buch an der richtigen Stelle zu verzeichnen.“

„Das finde ich sehr interessant“, sagte der kleine Prinz. „Endlich lerne ich mal einen richtigen Beruf kennen.“

Er ließ seinen Blick über den Planeten schweifen, der immerhin so groß war, dass man ihn nicht einfach von einem Platz aus überschauen konnte.

„Dieser Planet ist wirklich schön“, meinte er anerkennend. „Haben Sie hier auch einen Ozean?“

„Das entzieht sich leider meiner Kenntnis“, bedauerte der Geograf.

Der kleine Prinz war etwas enttäuscht.

„Und gibt es da auf der anderen Seite vielleicht Berge?“

„Das kann ich bedauerlicherweise ebenfalls nicht wissen“, sagte der Geograf. Der kleine Prinz ließ nicht locker: „Und Flüsse und

Wüsten?“

„Auch das ist mir nicht bekannt.“

„Aber Sie sind doch Geograf!“

„Das ist richtig“, bestätigte der Geograf, „aber du darfst von einem Geografen nicht erwarten, dass er selber in der weiten Welt herumstreunt, um die Städte, die Flüsse, die Gebirge, die Seen, die Ozeane und die Wüsten zu zählen und zu vermessen. Ein Geograf ist viel zu wichtig, um seinen Schreibtisch zu verlassen. Dazu gibt es ja die Forscher. Der Geograf befragt sie und notiert sich ihre Entdeckungen zunächst einmal mit Bleistift. Und wenn ihm der Bericht eines Forschers beachtenswert erscheint, lässt er eine amtliche Untersuchung über dessen Glaubwürdigkeit durchführen.“

„Warum das?“

„Weil ein Forscher, der die Unwahrheit behauptet, nicht in den Geografiebüchern verzeichnet werden darf, denn das wäre eine Katastrophe. Man muss auch herausfinden, ob ein Forscher zu viel Alkohol trinkt.“

„Ach, tatsächlich?“

„Selbstverständlich. Weil die Säufer bekanntlich doppelt sehen. Der Geograf würde dann zwei Berge einzeichnen, wo in Wirklichkeit nur einer vorhanden ist.“

„Ich kenne da einen“, warf der kleine Prinz ein, „der wäre bestimmt ein schlechter Forscher.“

„Ja, von der Sorte gibt es mehr als genug“, seufzte der Geograf. „Aber wenn die Glaubhaftigkeit des Forschers gewährleistet zu sein scheint, leitet man eine Untersuchung über seine Entdeckung ein.“

„Geht man nachsehen, ob es stimmt?“

„Oh, das wäre zu umständlich. Nein, man verlangt vom Forscher, Beweise zu erbringen. Erst wenn das geschehen ist, werden die Bleistiftnotizen mit Tinte in das große Buch eingetragen.“

„Und was für Beweise muss er liefern?“

„Wenn es zum Beispiel um die Entdeckung eines großen Berges geht, verlangt man, dass er große Steine mitbringt.“

Der kleine Prinz nickte verstehend und fragte: „Und was muss er dann mitbringen, wenn er einen großen Ozean entdeckt hat?“

Auf einmal besann sich der Geograf und fasste den kleinen Prinzen prüfend ins Auge.

„Was ist nun mit dir? Du kommst doch bestimmt von weit her. Also bist du ein Forscher! Du wirst mir zunächst einmal den Planeten beschreiben, von dem du herkommst!“

Der Geograf schlug eine unbeschriebene Seite in seinem großen Notizbuch auf und ergriff einen Bleistift.

„Nun?“, fragte der Geograf.

„Oh, mein Planet ist ziemlich klein“, sagte der kleine Prinz. „Aber ich habe drei Vulkane, zwei tätige und einen erloschenen. Aber bei Vulkanen kann man nie wissen ...“

„Ja, da weiß man nie“, bestätigte der Geograf.

„Ich habe auch eine Blume.“

„Wir schreiben Blumen aber nicht auf“, sagte der Geograf.

„Warum nicht? Sie sind das Schönste an jedem Planeten!“

„Ja, das mag sein, aber Blumen sind in geografischer Hinsicht unwichtig.“

„Wie kann etwas unwichtig sein, das so schön ist wie meine Blume?“

„Die Geografiebücher“, entgegnete der Geograf, „sind die beständigsten von allen Büchern. Sie veralten fast nie. Es kommt ziemlich selten vor, dass ein Berg seinen Standort wechselt. Es ist auch so gut wie niemals vorgekommen, dass ein Ozean sein Wasser verliert. Wir schreiben hier ausschließlich die beständigen Dinge auf. Deine Blume aber ist nicht von Bestand.“

„Was soll das heißen?“, fragte der kleine Prinz beunruhigt.

„Sie ist vergänglich.“

„Was bedeutet ‚vergänglich‘?“

„Das heißt wissenschaftlich ausgedrückt: ‚von alsbaldigem Entschwinden betroffen‘.“

„Meine Blume ist von alsbaldigem Entschwinden betroffen?“

„So ist es.“

Da wurde der kleine Prinz sehr ernst, denn er musste schmerzlich begreifen, dass der Geograf Recht hatte.

‚Meine Blume ist vergänglich‘, dachte er, ‚und die wenige Zeit, die ich mit ihr hätte zusammen sein können, habe ich noch dadurch verkürzt, dass ich sie verließ.‘

Diese erste Regung seiner Reue schüttelte er von sich ab, denn sie war längst noch nicht stark genug, ihm die Kraft zur Umkehr zu verleihen. Daher fragte er den Geografen: „Was würden Sie mir raten, wohin ich weiterreisen soll.“

„Auf den Planeten Erde“, riet ihm der Geograf. „Die Erde hat einen guten Ruf und dort gibt es noch viel zu entdecken …“

Auf seiner Weiterreise konnte der kleine Prinz jedoch nicht mehr aufhören, an seine Blume zu denken.

16. Die Größe der Erde

Der siebente Planet war die Erde. Die Erde ist kein gewöhnlicher Planet! Man bedenke nur, wie viele Könige es da gibt! Es sind einhundertelf Könige, wenn man die Negerkönige mitzählt, es gibt siebentausend Geografen, neunhunderttausend Geschäftsleute, siebeneinhalb Millionen Alkoholiker, dreihundertelf Millionen Eitle und insgesamt ungefähr zwei Milliarden erwachsene Leute.*

Damit Ihr Euch eine ungefähre Vorstellung von den Ausmaßen der Erde machen könnt, müsst Ihr bedenken, dass vor der flächendeckenden Einführung der Elektrizität auf den sechs Kontinenten zusammen eine riesige Armee von vierhundertzweiundsechzigtausendfünfhundertelf Laternenanzündern ihren Dienst tat.

Aus einiger Entfernung von oben gesehen war das ein imposanter Anblick. Die Aktionen dieser Armee waren exakt aufeinander abgestimmt und verliefen ebenso präzise, wie die eines Staatsopernballetts. Der Lichtertanz wurde von den Laternenanzündern der neuseeländischen und australischen Straßenbeleuchtung begonnen. Dann setzten die Anzünder in China und in Sibirien den Reigen fort. Nach ihnen kamen die russischen und indischen Anzünder zum Zuge. Dann die von Afrika und Europa. Dann die von Südamerika. Dann die von Nordamerika. Und niemals, wirklich niemals hatten sie sich in der Reihenfolge ihres Auftritts geirrt. Es war einfach ein großartiges Schauspiel.

Von allen Laternenanzündern hatten es zwei am allerbesten; das waren der Anzünder der Laterne am Nordpol und sein Kollege von der Laterne am Südpol. Diese beiden führten ein ausgesprochen geruhsames Berufsleben, denn sie brauchten nur zweimal im Jahr zu arbeiten.

*Anmerkung des Herausgebers: Die hier genannten Zahlenangaben stammen aus dem Jahre 1943. Inzwischen sind viele Kinder zu erwachsenen Leuten geworden, weshalb es jetzt mehr als doppelt so viele Erwachsene gib. Außerdem hat sich insbesondere die Zahl der Alkoholiker um ein vielfaches vergrößert.

17. Die Schlange und der Sternenhimmel

Wenn man recht unterhaltsam sein will, dann kann es vorkommen, dass man schon mal etwas übertreibt. Ich gebe also zu, dass ich vorhin ein bisschen geflunkert hatte, als es um die Laternenanzünder ging. Besonders diejenigen, die unseren Planeten nicht kennen, könnten jetzt eine falsche Vorstellung von ihm bekommen haben. Sie könnten wegen des beschriebenen Lichterreigens glauben, die Erde sei so dicht besiedelt, dass die Menschen gewissermaßen mit gegenseitiger Tuchfühlung auf ihr leben würden. Aber das ist ja absolut nicht der Fall. Jedenfalls noch nicht. Wenn sich nämlich, nur mal angenommen, die gesamte Erdbevölkerung auf einem einzigen Platz versammeln würde, dann bräuchte der nicht größer zu sein, als zwanzig mal zwanzig Meilen. Man könnte die Menschheit theoretisch auf einer einzigen kleinen Pazifikinsel unterbringen. Was ich damit sagen will: Gemessen an dem Platz, der jedem einzelnen Erdenbewohner faktisch zur Verfügung steht, gibt es eigentlich gar nicht so viele Menschen auf unserem Planeten.

Die erwachsenen Leute werden das natürlich bestreiten, weil sie sich einbilden, noch mehr Platz zu benötigen, als sie jetzt schon haben. Deswegen gehen sie ja auch immer wieder im Zorn aufeinander los und führen Kriege gegeneinander; wohlgemerkt erwachsene Menschen gegen erwachsene Menschen. – Ihr könntet ihnen ja den Vorschlag machen, dass sie sich einmal ausrechnen, wie viel Platz jeder Einzelne jetzt schon hat. Wie Ihr ja wisst, sind sie von Zahlen immer sehr beeindruckt. Aber Ihr braucht Euch keine großen Hoffnungen zu machen, dass die vernünftigen Menschen tatsächlich zur Vernunft kommen. Es ist leider zwecklos und reine Zeitverschwendung, das könnt Ihr mir glauben. Sie verhalten sich schon seit Anbeginn der Menschheit so, und sie sind selbst aus dem größten Schaden noch nicht klug geworden.

Als der kleine Prinz auf der Erde angekommen war, wunderte er sich über diese gewaltige Weiträumigkeit. Der Platz um ihn herum schien ihm nahezu unendlich zu sein. Und es war weit und breit kein Mensch zu sehen. Er befürchtete bereits, sich im Planeten geirrt zu haben. Da bewegte sich ein mondfarbener Ring vor seinen Füßen im Sand.

„Guten Abend“, sagte der kleine Prinz ein wenig verunsichert.

„Guten Abend“, wisperte die Schlange.

„Wie heißt dieser Planet hier?“, fragte der kleine Prinz.

„Der Planet heißt Erde“, antwortete die Schlange. „Und der Erdteil, auf dem du bist, heißt Afrika.“

„Gibt es denn hier keine Menschen?“

„Dieses Land hier ist die Wüste“, sagte die Schlange. „In den Wüsten halten sich die Menschen nur ungern auf. Aber die Erde ist ja noch viel größer.“

Der kleine Prinz setzte sich auf einen Stein und schaute in den klaren Sternenhimmel hinauf.

„Jeder einzelne Stern hat ein Geheimnis“, sagte er. „Sieh nur, wie viele Geheimnisse es gibt."

„Ja", stimmte ihm die Schlange zu, „der Himmel ist sehr geheimnisvoll."

„Mein kleiner Planet, er muss da oben irgendwo sein", meinte der kleine Prinz mit suchendem Blick.

„Weshalb hast du deinen Planeten verlassen?", wollte die Schlange wissen.

„Eine Blume hat mir das Leben schwer gemacht."

„Ah", sagte die Schlange.

„Wo sind denn eigentlich die Menschen?“, fragte der kleine Prinz nach einer geraumen Weile. „Ich fühle mich ein bisschen einsam hier in der Wüste mit dir …“

„Du kannst dich auch unter vielen Menschen einsam fühlen“, wisperte die Schlange. Der kleine Prinz schaute sie an.

„Du bist ein bedauernswertes Tier“, sagte er schließlich, „du musst auf dem Bauch kriechen.“

„Aber ich bin mächtiger als manch ein König“, behauptete die Schlange. Darüber lächelte der kleine Prinz.

„Du kannst nicht sehr mächtig sein. Du hast keine Hände und keine Füße. Du lebst da unten im Staub.“

„Aber ich kann dich weiter bringen als jeder Wind dich weht, sogar weiter als jeder Gedanke dich trägt.“

Die Schlange richtete sich vor dem kleinen Prinzen auf und wand sich vor ihm hin und her.

„Ich kann jeden dorthin zurückbringen, woher er kam“, erklärte sie. „Die Erdenmenschen gebe ich der Erde zurück, aus der sie hervorgegangen sind. Du aber kommst von den Sternen ...“

Der kleine Prinz antwortete nicht darauf. Die Schlange näherte ihr züngelndes Maul dem Ohr des kleinen Prinzen und flüsterte: „Die Erde ist kein guter Platz für Dich. Du solltest den Menschen besser aus dem Wege gehen. Sie wollen ohnehin nichts mit dir zu tun haben und sie wollen die Geschichte von dir und deiner Blume gar nicht hören. Sie mögen keine kummervollen Geschichten.“

Der kleine Prinz blickte der Schlange in die blitzenden Augen.

„Es klingt fast so, als wolltest du mich daran hindern, zu den Menschen zu gehen.“

„Du tust mir jetzt schon leid“, hörte er sie sagen, „weil dich die Menschen sehr enttäuschen werden. Deine Seele ist rein. Du bist ein so schwaches Kind. Ich kann dir helfen, eines Tages, wenn du dich nach deinem Planeten zurücksehnst.“

„Ich verstehe“, sagte der kleine Prinz und bat: „Verrate mir nun, wer du bist.“

Da antwortete die Schlange: „Ich bin es, die alle Geheimnisse kennt und alle Rätsel löst."

Sie rollte sich fest um den Knöchel des kleinen Prinzen wie ein goldener Reif, und beide sahen zu den Sternen hinauf und schwiegen.

18. Die Wüstenblume

Auf dem Weg durch die Wüste sah der kleine Prinz eine Blume mit drei staubbedeckten Blütenblättern im Sande stehen. Es war eine sehr armselige Blume.

„Guten Tag", sagte der kleine Prinz.

„Guten Tag", grüßte die Blume.

„Wo sind eigentlich die Menschen?", fragte der kleine Prinz mit einer kleinen, höflichen Verbeugung. Die Blume, die irgendwann einmal eine Karawane vorüberziehen sah, antwortete müde: „Menschen? Ja, es gibt wohl sechs oder sieben. Es ist Jahre her, dass ich sie gesehen habe. Aber man kann nie wissen, wo man sie suchen soll. Der Wind weht sie fort, denn sie haben keine Wurzeln, die sie an der Erde festhalten. Das ist sehr misslich für sie."

„Adieu", sagte der kleine Prinz still in sich hinein lächelnd.

„Adieu", sagte die Blume.

19. Das Echo

Der kleine Prinz erklomm einen hohen Berg. Das war etwas Besonderes für ihn, denn die einzigen Berge auf seinem Planeten waren die drei Vulkane, die ihm nur bis an die Knie reichten. Den erloschenen Vulkan hatte er manchmal als Schemel benutzt.

Er meinte, dass er von einem so ungeheuer hohen Berg wie diesem einen Großteil des Planeten und endlich auch Menschen sehen würde, doch er sah nichts als spitze Felsen rings umher.

„Hallo!", rief er in die graue Ferne hinein.

„Hallo ... allo ... lo ...!", kam das Echo zurück.

„Wo bist du!?", fragte der kleine Prinz.

„Wo bist du ... bist du ... du ...!?", antwortete es.

„Ich bin hier!", rief der kleine Prinz.

„Ich bin hier ... bin hier ... hier ...!", antwortete eine ängstliche Kinderstimme.

‚Merkwürdig' dachte er. ‚Dieser Planet ist ganz trocken und er besteht nur aus Steinen und Sand. Und die Menschen verstecken sich und wiederholen ständig, was man sie fragt.'

Da überkam ihn eine unbestimmte Sehnsucht nach seiner Blume, mit der er jetzt gern ein paar Worte gewechselt hätte, und seien sie noch so belanglos.

20. Der Rosengarten

Lange war der kleine Prinz über Sand und Steine gewandert, da endlich stieß er an eine Straße. Fast alle Straßen führen zu den Menschen. Zunächst gelangte er an einen wunderschönen Garten.

„Guten Tag“, sagte er.

„Guten Tag“, grüßten die Blumen im Chor, die hier zu Tausenden blühten. Der kleine Prinz betrachtete sie mit großem Erstaunen, denn sie glichen allesamt seiner Blume. Einige waren ihr so ähnlich, dass er geradezu darüber erschrak.

„So viele Blumen gibt es auf der Welt!“, wunderte er sich.

„Es gibt noch viel mehr außer uns“, sagten die Blumen. „Wir sind allein nur die Rosen.“

‚Ach‘, sagte der kleine Prinz zu sich, ‚dann ist sie also eine Rose. Meine Blume ist eine von vielen.‘

Er fühlte sich unglücklich, denn seine Blume hatte ihn in dem Glauben gewiegt, dass sie ganz und gar einzig sei in ihrer Art. Und nun? Hier gab es allein mindestens fünftausend von Ihresgleichen in einem einzigen Garten! Wenn sie *das* sehen würde ...! Sie wäre gewiss so sehr in ihrer Eitelkeit gekränkt, dass ihr Stolz es ihr verbieten würde, weiterzuleben; jawohl, sie würde vermutlich lieber sterben, als sich der Lächerlichkeit preiszugeben.

Der kleine Prinz sagte sich: ‚Da hatte ich bisher geglaubt, eine große Kostbarkeit zu besitzen, dabei ist es nur eine gewöhnliche Rose.‘ Er setzte sich ins Gras, und es war ihm sehr zum Weinen zumute.

21. Die Zähmung des Fuchses

In diesem Moment raschelte es ganz in der Nähe.

„Guten Tag", sagte eine etwas merkwürdig klingende Stimme.

„Guten Tag", antwortete der kleine Prinz recht höflich. Er schaute sich um, konnte aber niemanden entdecken.

„Ich bin hier", sagte die Stimme, „hier unter dem Apfelbaum."

„Nanu, wer bist du denn?", wunderte sich der kleine Prinz. „Du bist hübsch."

„Ich bin ein Fuchs", sagte der Fuchs geschmeichelt.

„Komm doch her und leiste mir ein bisschen Gesellschaft", schlug ihm der kleine Prinz vor. „Ich bin so allein."

„Ich kann nicht zu dir kommen", sagte der Fuchs bedauernd. „Ich bin doch nicht zahm."

„Ach so, Verzeihung", sagte der kleine Prinz. Und der Fuchs duckte sich wieder ins Gras.

„Du bist wohl nicht von hier", vermutete der Fuchs und fragte: „Was hat dich hergeführt?"

„Ich will die Menschen kennenlernen", sagte der kleine Prinz. „Was bedeutet es, zahm zu sein?"

„Vor den Menschen musst du dich in Acht nehmen!", warnte ihn der Fuchs. „Die haben Gewehre und schießen auf dich. Das ist sehr gefährlich. Sie ziehen auch Hühner auf, aber die werden Tag und Nacht von ihnen bewacht. Das ist ihre Hauptbeschäftigung. Interessierst du dich für Hühner?"

„Ich? Nein", sagte der kleine Prinz. „Was bedeutet zahm sein?"

„Zahm sein heißt, mit jemandem vertraut sein", erklärte der Fuchs. „Wenn du willst, dass jemand mit dir vertraut ist, dann musst du ihn erst einmal zähmen."

„Ach so, zähmen", wiederholte der kleine Prinz verstehend.

„Allerdings", sagte der Fuchs. „Du zum Beispiel, du bist für mich einfach nur irgend ein kleiner Junge, der hunderttausend anderen Jungen ähnlich ist. Du bist mir vollkommen gleichgültig und ich bin dir vollkommen gleichgültig. Ich bin für dich nur irgendein ganz beliebiger Fuchs von hunderttausend ähnlichen Füchsen. Aber angenommen, du würdest mich zähmen ... Das würde alles verändern. Du würdest für mich einzig sein in der Welt, und ich wäre einzig für dich. Wir beide würden einander brauchen."

„Jetzt begreife ich!", sagte der kleine Prinz tiefbewegt. „Ich bin gezähmt worden, stell dir vor! Von einer Blume!"

„Das kann sein", meinte der Fuchs. „Es passieren merkwürdige Dinge hier auf Erden."

„Oh, das ist nicht auf der Erde passiert", sagte der kleine Prinz.

„Etwa auf einem anderen Planeten?", fragte der Fuchs aufgeregt nach.

„Ja."

„Gibt es Jäger auf diesem Planeten?"

„Nein."

„Großartig! Und Hühner?"

„Auch nicht."

„Hm, nichts ist vollkommen", seufzte der Fuchs. Doch er begann, sich dem kleinen Prinzen zu offenbaren.

„Mein Leben ist eintönig. Ich bin ständig auf der Jagd nach Hühnern, und die Menschen sind auf den Jagd nach mir. Die Hühner sind sich alle irgendwie ähnlich, und die Menschen sind sich auch alle ähnlich. Das ist ziemlich langweilig. Aber wenn du mich zähmst, wird mein Leben viel sonniger sein. Ich werde das Geräusch deiner Schritte erlauschen, die sich von allen anderen unterscheiden. Die anderen Schritte jagen mich unter die Erde, aber deine werden mich aus dem Bau locken wie Musik. Und dann, schau mal da drüben das Weizenfeld. Ich mag kein Brot. Für mich ist der Weizen bedeutungslos. Ein Weizenfeld ist mir gleichgültig. Aber du hast weizenblondes Haar. Oh, es wäre wunderbar, wenn du mich zähmen würdest!

Die Farbe des Weizens wird mich immer an dich erinnern. Und ich werde das Rauschen des Windes im Getreide liebgewinnen."
Der Fuchs schaute den kleinen Prinzen lange an.

„Bitte zähme mich!", sagte er.

„Das würde ich gern tun", antwortete der kleine Prinz ausweichend, „aber ich weiß nicht, ob meine Zeit dazu ausreicht. Ich will noch viele andere Dinge kennenlernen, ich will Freunde finden ..."

„Man lernt nur die Dinge richtig kennen, die man zähmt", sagte der Fuchs. „Die Menschen nehmen sich keine Zeit mehr, irgendetwas richtig kennenzulernen. Sie würden sich am liebsten immer alles fix und fertig in den Geschäften kaufen. Aber es gibt keine Läden, in denen es Freunde zu kaufen gibt. Wenn du einen Freund haben willst, so zähme mich!"

„Was muss ich da tun?“, fragte der kleine Prinz, der noch immer ein wenig skeptisch war.

„Du musst erst einmal geduldig sein“, erklärte der Fuchs. „Anfangs setzt du dich abseits von mir ins Gras. Ich werde dich verstohlen anblicken, so aus dem Augenwinkel, und du wirst schweigen. Die Sprache ist der Ursprung aller Missverständnisse. Aber jeden Tag kannst du dich ein Stückchen näher setzen.“

Schon früh am nächsten Morgen kam der kleine Prinz zurück.

„Es wäre besser gewesen, wenn du zur selben Zeit wiedergekommen wärst“, sagte der Fuchs. „Wenn ich weiß, dass du um vier Uhr nachmittags kommst, kann ich schon um drei Uhr anfangen, mich darauf zu freuen. Und je näher der Zeitpunkt rückt, um so glücklicher werde ich mich fühlen. Aber wenn du um vier nicht da bist, werde ich mich beunruhigen; dann werde ich zu spüren bekommen, wie teuer das Glück ist. Wenn du aber zu unregelmäßigen Zeiten kommst, kann ich dir mein Herz nicht entgegenschicken. Wir sollten uns an feste Bräuche halten."

„Was sind denn feste Bräuche?", wollte der kleine Prinz wissen.

„Es ist das Besondere, das einen Tag vom andern unterscheidet, eine Stunde von allen andern Stunden", sagte der Fuchs. „Es gibt einen Brauch bei meinen Jägern. Am Donnerstag tanzen sie mit den Mädchen des Dorfes. Darum ist der Donnerstag für mich der schönste Wochentag. Da kann ich bis zum Weinberg spazieren gehen. Wenn die Jäger irgendwann einmal zum Tanz gehen würden, wären alle Tage gleich anstrengend für mich und ich hätte niemals frei."

So machte der kleine Prinz den Fuchs mit sich vertraut und zähmte ihn. Und als die Stunde des Abschieds gekommen war, seufzte der Fuchs: „Ich bin sehr, sehr traurig."

„Das ist allein deine Schuld", sagte der kleine Prinz. „Ich habe nur getan, was du wolltest, und jetzt bist du gezähmt."

„So ist es", gab der Fuchs zu.

„Wenn ich jetzt gehe, wirst du bestimmt weinen!", vermutete der kleine Prinz.

„Ganz bestimmt“, sagte der Fuchs.

„Dann hast du also nichts dabei gewonnen.“

„Oh, doch“, sagte der Fuchs. „Ich habe die Farbe des Weizens gewonnen.“
Und er fügte hinzu: „Geh zu den Rosen. Schau sie dir an. Dann wirst du verstehen, dass deine Rose für dich einzig ist in der Welt. Und dann komm wieder, um mir adieu zu sagen. Ich werde dir ein Geheimnis mit auf den Weg geben.“

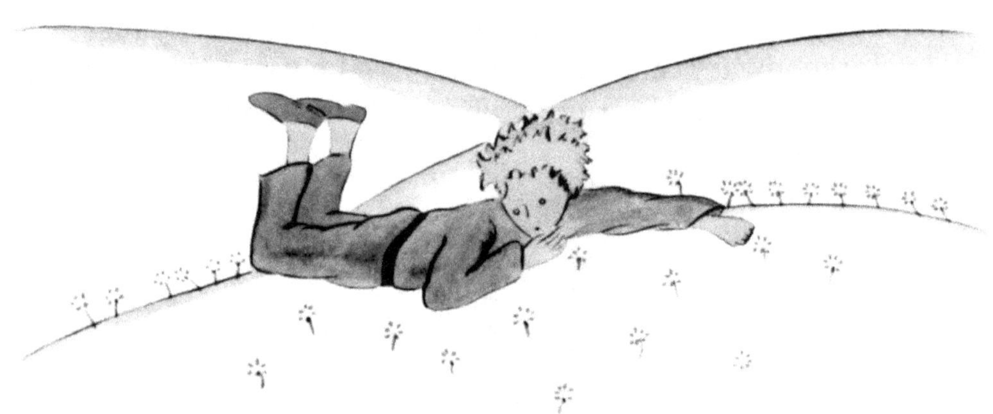

Der kleine Prinz ging zu den Rosen.

„Jetzt sehe ich, dass ihr meiner Rose überhaupt nicht ähnlich seid“, sprach er zu ihnen. „Ihr bedeutet mir nichts. Niemand hat sich mit euch vertraut gemacht. Ihr seid genauso, wie mein Fuchs einmal war. Der war auch nur ein Fuchs wie hunderttausend andere, bis ich ihn gezähmt und zu meinem Freund gemacht habe. Jetzt ist er für mich einzig in der Welt. Ihr seid schön, aber ihr seid leer.“
Da senkten die Rosen ihre Köpfe, weil sie sehr beschämt waren. Und der kleine Prinz sprach weiter: „Ja, ein flüchtiger Blick könnte jemanden glauben lassen, meine Rose wäre euch gleich. Aber das stimmt nicht. Sie ist für mich viel wertvoller, als ihr alle zusammen. Ich habe sie begossen, ich habe sie unter den Glassturz gestellt und ich habe sie mit dem Wandschirm geschützt. Ich habe auch die Raupen ge-

tötet, die sie befallen wollten, bis auf die zwei oder drei wegen der Schmetterlinge. Ich habe ihre guten Worte gehört und auch ihre weniger guten. Und ich habe sogar ihrem Schweigen nachgelauscht. Und wegen alledem ist es *meine* Rose, die einzig für mich ist in der Welt."

Der kleine Prinz kam zum Fuchs zurück.

„Adieu", sagte er.

„Ich schenke dir jetzt mein Geheimnis", sprach der Fuchs. „Es ist dies: Man sieht nur mit dem Herzen klar. Das Wesentliche ist für Augen unsichtbar."

„Das Wesentliche ist für Augen unsichtbar", wiederholte der kleine Prinz, um es sich gut zu merken.

„Die Zeit", sagte der Fuchs, „die du deiner Rose geschenkt hast, sie macht die Rose für dich wertvoll. Und du bist für immer für das verantwortlich, was du dir vertraut gemacht hast. Du bist auch für deine Rose verantwortlich."

„Ich bin für meine Rose verantwortlich", wiederholte der kleine Prinz.

„Adieu", sagte der Fuchs.

22. Der Weichensteller

„Guten Tag", grüßte der kleine Prinz.

„Guten Tag", sagte der Weichensteller.

„Was tun Sie da?", fragte der kleine Prinz.

„Ich teile die Reisenden in Tausenderpakete ein", sagte der Weichensteller. „Ich dirigiere die Züge, die hier vorbeifahren, mal nach rechts, mal nach links."

Ein donnergrollender Schnellzug ließ das Weichenstellerhäuschen zittern.

„Die haben es aber eilig“, staunte der kleine Prinz. „Wo wollen die alle hin?“

„Das weiß nicht einmal der Lokomotivführer“, sagte der Weichensteller.

Und noch ein donnernder Schnellzug sauste vorbei, aber in die entgegengesetzte Richtung.

„Die Leute kommen schon wieder zurück?“, wunderte sich der kleine Prinz.

„Nein, das sind nicht die gleichen Leute“, sagte der Weichensteller. „Das waren andere.“

„Waren sie nicht zufrieden dort, wo sie herkommen?“

„Man ist nie zufrieden dort, wo man ist“, sagte der Weichensteller betrübt.

Und ein dritter Schnellzug ließ sein Grollen ertönen.

„Verfolgen diese Leute jetzt die ersten Reisenden?“, fragte der kleine Prinz.

„Ich glaube nicht“, sagte der Weichensteller. „Die Leute schauen trübsinnig vor sich hin oder sie schlafen da drinnen in den Abteilen. Und die Kinder drücken ihre Nasen an die Fensterscheiben.“

„Die Kinder wissen immer, wohin sie wollen“, sagte der kleine Prinz. „Sie wenden viel Zeit auf, um sich mit einer Stoffpuppe vertraut zu machen, und die Puppe wird ihnen sehr wertvoll, und wenn sie sie verlieren, vergießen sie bittere Tränen.“

„Ja, die haben es gut, die Kinder“, sagte der Weichensteller.

23. Der Händler

„Guten Tag“, grüßte der kleine Prinz.

„Guten Tag“, sagte der Händler.

Dieser Händler handelte mit sehr wirksamen Pillen, die den Durst stillen können. Man braucht nur einmal die Woche eine zu schlucken und man spürt überhaupt kein Bedürfnis mehr, zu trinken.

„Warum verkaufen Sie das?“, erkundigte sich der kleine Prinz.

„Das verschafft den Menschen eine enorme Zeitersparnis“, antwortete der Händler. „Die renommiertesten Experten haben Berechnungen dazu vorgenommen. Man kann sage und schreibe dreiundfünfzig Minuten pro Woche einsparen.“

„Und was soll man dann mit diesen dreiundfünfzig Minuten machen?“

„Man kann damit machen, was man will.“

„Also wenn ich dreiundfünfzig Minuten Zeit hätte“, überlegte der kleine Prinz, „dann würde ich ganz gemächlich zum nächsten Brunnen gehen.“

24. Die Lichter in der Nacht

Die Episode vom Pillenverkäufer erzählte der kleine Prinz am achten Tag meiner Panne in der Wüste, als ich die allerletzten Tropfen meines Wasservorrats auf meine Zunge geträufelt hatte.

„Deine Geschichten sind ja ganz nett“, sagte ich. „Aber mein Flugzeug kann immer noch nicht starten und mein Trinkwasser ist alle. Ich wäre froh, wenn ich jetzt ganz gemächlich zum nächsten Brunnen gehen könnte.“

„Du weißt ja, ich hatte einen Fuchs zum Freund“, fuhr der kleine Prinz in seiner Erzählung fort, „und der hatte einmal ...“

„Erzähl mir bitte nichts mehr vom Fuchs!“, unterbrach ich ihn, weil ich sehr verzweifelt war.

„Warum?“

„Weil ich wahrscheinlich bald vor Durst sterben werde.“

Er schien das nicht zu begreifen. Er meinte darauf nur: „Es ist gut einen Freund zu haben, gerade dann, wenn man sterben muss. Ich bin froh, dass ich den Fuchs zum Freund hatte.“

Ich schaute den kleinen Prinzen an und musste lächeln.

‚Er hat keine Ahnung von der Gefahr, in der ich mich befinde‘, dachte ich. ‚Er hat ja auch nie Durst, nie Hunger. Wahrscheinlich lebt er vom Sonnenschein.‘

Aber da schien es, als würde er auf meine Gedanken reagieren, denn er sagte: „Doch, ich habe jetzt auch Durst. Lass uns zum nächsten Brunnen gehen.“

Er erhob sich, als wolle er seinen völlig absurden Vorschlag sogleich in die Tat umsetzen. Ich ließ meinen Blick über die Einzelteile des Motors gleiten, die auf einer Plane unter dem Flugzeug lagen, und winkte resigniert ab. Ich hatte Bedenken, all das wieder richtig zusammenbauen zu können. Ohne Trinkwasser brauchte ich es gar nicht erst zu versuchen. Es war hoffnungslos. Es war ebenso hoffnungslos, in der endlosen Wüste einen Brunnen zu suchen. Trotzdem brachen wir auf. Ich folgte dem kleinen Prinzen. Ich tat es aus lauter Verzweiflung.

Schweigend gingen wir durch den Sand, er immer ein paar Schritte voraus. Die sternklare Wüstennacht senkte sich herab. Ich sah die Sterne wie durch einen Schleier. Ich war ganz benommen vor Durst. Die Worte des kleinen Prinzen tanzten mir durch den Sinn.

„Du hast also auch manchmal Durst?", fragte ich.

Darauf sagte er nur: „Wasser ist manchmal auch gut für das Herz." Ich verstand nicht, was er damit meinte. Aber mir fehlte inzwischen die Kraft, mich danach zu erkundigen.

Auf einmal wurde er müde. Er setzte sich in den Sand. Ich ließ mich neben ihn fallen. Nach einer Weile sagte er: „Die Sterne sind schön, weil sie mich daran erinnern, dass da oben eine Rose blüht."

„Ja ...", stimmt ich ihm zu. Mein Blick schweifte über den welligen Sand im Silberlicht des Mondes.

„Diese Wüste ist auch schön, nicht wahr?", sagte er.

„Das stimmt", antwortete ich. „Besonders nachts. Wir sitzen hier auf einer Sanddüne. Es ist absolut still. Und da scheint irgendetwas hell zu strahlen, das man mit den Augen nicht sehen kann."

„Soll ich dir verraten, was die Wüste so schön macht?" fragte er.

„Sag es."

„Es macht die Wüste schön, dass irgendwo in ihr ein Brunnen verborgen ist."

Der kleine Prinz hatte Recht. Plötzlich verstand ich dieses verborgene Leuchten. Als kleiner Junge lebte ich in einem alten Haus, von dem man erzählte, dass ein Schatz darin versteckt sei. Niemand hat diesen Schatz jemals gefunden. Aber die Sage verzauberte dieses Haus, das ein Geheimnis auf dem Grunde seines Herzens verbarg.

„Ja", sagte ich. „Es ist egal, ob es um die Sterne oder um die Wüste geht; das Eigentliche, was sie so schön macht, ist für Augen unsichtbar."

„Ich finde es gut“, sagte er, „dass du der gleichen Meinung bist, wie mein Fuchs.“

Nach einer Weile merkte ich, dass der kleine Prinz eingeschlafen war. Ich nahm ihn ganz behutsam in meine Arme und machte mich innerlich gestärkt wieder auf den Weg.

Er war ganz leicht. Er schien sehr zerbrechlich zu sein. Ich hielt ihn fest und sicher, wie eine große Kostbarkeit. Der Mond schien auf sein schönes Gesicht mit den halbgeöffneten Lippen, das mit seinen geschlossenen Augen einen Ausdruck herrlichster Seelenruhe verstrahlte. Eine blonde Haarsträhne zitterte im leisen Wind über seiner blassen Stirn. Ich sagte mir: ‚Was ich hier in den Armen halte, ist nur eine Hülle. Das Eigentliche ist für Augen unsichtbar.‘

Was die eigentliche Schönheit dieses zarten Wesens ausmachte, war seine Liebe zu einer Blume, die ihn ganz und gar durchstrahlte wie die Sonne durch eine federleichte Gardine scheint. Aber seine Zerbrechlichkeit begann mir aus unerfindlichen Gründen allmählich Sorgen zu bereiten.

Ich ging bis zum Tagesanbruch weiter. Dann entdeckte ich den Brunnen.

25. Der Brunnen in der Wüste

Ein gewöhnlicher Wüstenbrunnen ist meist nicht mehr als ein Loch im Sand, das man immer einmal wieder freischaufeln muss. Aber dieser Brunnen hier sah ganz anders aus. Es war ein Brunnen mit einem gemauerten Sims und einem tiefen, dunklen Schacht. Er glich den Dorfbrunnen in meiner Heimat. Aber es gab hier weit und breit keine Ansiedlung. Für einen Moment glaubte ich bereits, ich würde das alles nur träumen.

„Es ist doch merkwürdig“, sagte ich zum kleinen Prinzen. „Es ist wie bei mir zu Hause; ein Brunnen mit einer Seilwinde und einem Wasserkübel.“

Die Winde knarrte wie ein altes Windrad, wenn der Wind es zu lange schlafen gelassen hatte. Der Kübel platschte tief unten ins Wasser und es hallte im Schacht.

„Hörst du?“ lachte der kleine Prinz. „Wir haben den Brunnen aufgeweckt, und jetzt spricht er.“

Angestrengt zog ich den überplätschernden Kübel herauf und zog ihn auf den Brunnenrand. Im Wasserspiegel sah ich die Sonne zittern.

„Ich habe jetzt großen Durst nach diesem Wasser“, sagte der kleine Prinz. Ich hielt ihm den Kübel, so dass seine Lippen ihn erreichen konnten. Er hatte die Augen beim Trinken geschlossen. Es war ihm anzusehen, was für ein süßer Genuss das war, der ihn wie ein wohliger Schauer zu durchströmen schien. Dieser Genuss war nun der Lohn für unsere lange Wanderung unter den Sternen, der Lohn für unsere müden Füße und der Lohn für die sorgenvolle Ungewissheit, diesen Brunnen zu finden. Und das Wasser schien nach dem Geräusch des Brunnens zu schmecken. Und es war gut fürs Herz. Und es war wie ein wunderbares Geschenk.

Jetzt verstand ich, was der kleine Prinz gesucht hatte. Ich fühlte mich auf einmal an meine Kindheit erinnert. Jetzt verstand ich auch, dass es die Lichter des Christbaumes, die Melodie der Weihnachtsmette und die Sanftmut des Lächelns waren, die den eigentlichen Wert der Geschenke ausmachten, die ich damals erhielt.

„Die Leute hier auf der Erde“, sagte der kleine Prinz, „pflanzen fünftausend Rosen in einen einzigen Garten. Und trotzdem bekommen sie nicht, was sie eigentlich suchen. Dabei kann man das, was sie suchen, in einer einzigen Rose oder in einem Trunk Wasser finden.“ Und er fügte noch hinzu: „Es ist ja ganz einfach zu finden, wenn man mit dem Herzen sucht, denn das Wesentliche ist für Augen unsichtbar.“

Als ich getrunken hatte, konnte ich endlich wieder richtig durchatmen. Die Luft schmeckte nun frischer. Alle meine Sorgen waren verflogen. Ich blickte zuversichtlich in den Tag, und der Wüstensand um uns her hatte die Farbe von dunklem Honig.

„Du hast mir etwas versprochen, weißt du noch?“, sagte der kleine Prinz, der sich neben mich gesetzt hatte.

„Was meinst du?“, fragte ich.

„Den Maulkorb für mein Schaf“, antwortete er. „Ich bin doch verantwortlich für meine Blume.“

Da zog ich meine Skizzen aus der Tasche, die ich an den vergangenen Abenden angefertigt hatte. Ich war ganz gespannt darauf, was der kleine Prinz dazu sagen würde. Er betrachtete sie und begann zu lachen: „Deine Affenbrotbäume sehen ja wie Kohlköpfe aus!“

„Oh! Und ich war gerade auf die Affenbrotbäume so stolz gewesen.“

„Das hier soll wohl der Fuchs sein? Seine Ohren sind viel zu lang und zu spitz. Die sehen wie Hörner aus.“

Und er lachte wieder.

„Du bist wirklich ungerecht“, beschwerte ich mich. „Ich hab doch bisher nichts weiter gezeichnet, als geschlossene und offene Riesenschlangen, die einen Elefanten verschluckt haben.“

„Aber deine Zeichnungen sind ja nicht schlecht“, beschwichtigte er mich. „Die Kinder können alles darauf bestens erkennen.“

Ich kritzelte also noch einen Maulkorb hin. Das Gesicht des kleinen Prinzen wurde plötzlich sehr ernst, als ich ihm die Zeichnung übergab.

„Morgen in der Nacht wird es genau ein Jahr her sein, dass ich auf der Erde gelandet bin“, sagte er. Und nach einer Weile fügte er hinzu: „Es war hier ganz in der Nähe.“

Ich horchte auf, denn er hatte das so gesagt, als läge eine ganz bestimmte Bedeutung in seinen Worten. Eine seltsame Unruhe beschlich mich, und ich bemerkte: „Du scheinst etwas vor zu haben, von dem ich nichts weiß.“

„Meine Blume ...“, sagte er. „Ich bin für sie verantwortlich. Sie ist doch so schwach. Sie hat vier Dornen, die nicht dafür taugen, sie zu beschützen.“

„Dann ist es womöglich kein Zufall“, vermutete ich, „dass du hierhergekommen bist, in diese einsame Gegend, tausend Meilen von der nächsten menschlichen Siedlung entfernt. Und wenn es ein Jahr her ist, dann bedeutet es, dass dein kleiner Planet genau über uns stehen wird morgen Nacht. Ist es nicht so?“

Doch er sagte nur: „Du solltest jetzt wieder zu deiner Flugmaschine zurückgehen und sie reparieren. Ich muss hierbleiben. Aber komm bitte morgen Abend wieder her. Ich habe ein bisschen Angst ...“

Ich schaute ihn an. Er errötete.

Ich kannte ihn schon viel zu gut, um nicht zu wissen, dass ich ihn gar nicht erst zu fragen brauchte. Er würde mir ohnehin keine Antwort geben. Ich fühlte nur, dass etwas Ungutes im Schwange war.

26. Wie ein Blatt fällt

Als ich am nächsten Abend von meinem Flugzeug zurückkehrte, sah ich den kleinen Prinzen schon von weitem oben auf einem alten, bröckeligen Mauerrest sitzen, der dort unweit des Brunnens stand. Näherkommend hörte ich ihn sprechen.

„Du erinnerst dich nicht mehr?“, sagte er. „Es ist nicht ganz genau hier an dieser Stelle.“

Irgendjemand schien ihm zu antworten, dessen wispernde Stimme ich jedoch nicht verstehen konnte, und der kleine Prinz erwiderte: „Doch, doch! Es ist ganz genau der Tag, aber nicht ganz genau der Ort.“

Ich schritt eiliger auf die Mauer zu. Außer dem kleinen Prinzen war niemand zu sehen. Er erwiderte jedoch jemandem: „Du musst nur die Stelle finden, wo meine Spur im Sand beginnt. Dort sollst du auf mich warten. Ich werde pünktlich sein.“

Ich war ungefähr zwanzig Meter von der Mauer entfernt und sah immer noch nicht, mit wem er sprach. Ich hörte ihn sagen: „Versprich mir, dass ich von deinem Gift nicht lange leiden muss!“

Ich blieb lauschend stehen. Mein Herz begann schneller zu schlagen. Noch immer verstand ich nicht, was dort vor sich ging.

„Geh bitte weg“, sagte er zu dem unsichtbaren Jemand. „Ich springe jetzt herunter.“

Da erblickte ich am Fuß der Mauer eine dieser gelben Wüstenschlangen, die einen erwachsenen Mann in dreißig Sekunden erledigen können. Ich erstarrte für einen Moment. Die Schlange reckte sich zum kleinen Prinzen empor! Ich tastete in meiner Tasche nach dem Revolver und begann zu rennen. Aber bei dem Lärm, der dabei entstand, zuckte die Schlange in sich zusammen und glitt in den Sand wie ein Wasserstrahl in einen Teich. Ohne allzu große Eile versiegte die Schlange mit einem leisen, metallischen Klirren zwischen Sand und Steinen.

Bei der Mauer angekommen fing ich meinen kleinen Prinzen in meinen Armen auf. Er war bleich wie Schnee.

„Was machst du bloß für Sachen!“, tadelte ich ihn. „Du redest mit Schlangen?!“

Er legte seine Arme um meinen Hals. Er zitterte am ganzen Leibe. Ich spürte sein Herz klopfen. Es raste wie das Herz eines kleinen Vogels, der sich fürchtet, weil man ihn in der Hand gefangen hält.

Ich trug ihn zum Brunnen und gab ihm zu trinken. Nachdem er sich ein wenig beruhigt hatte, sagte er: „Ich bin froh, dass deine Flugmaschine wieder funktioniert und dass du jetzt wieder nach Hause fliegen kannst.“

„Woher weißt du das?“, fragte ich erstaunt. Aber er, der ja auf so gut wie keine Frage antwortet, fuhr recht schwermütig fort: „Ich werde heute auch nach Hause zurückkehren. Aber das ist viel weiter und etwas schwieriger."

Ich spürte, dass hier etwas Außergewöhnliches passieren sollte. Ich hielt ihn fest in meinen Armen, und doch kam es mir so vor, als würde er unaufhaltsam in einen Abgrund stürzen, ohne dass ich imstande wäre, ihn zu halten ...
Sein ernster Blick verlor sich in einer unendlichen Ferne.

„Ich bin reisefertig", sagte er leise. „Ich habe alles, was ich brauche: deine Kiste mit dem Schaf und den Maulkorb."

Ich wartete, ob er vielleicht doch noch etwas erklären wollte. Ich wartete lange. Dann bemerkte ich: „Du hattest vorhin ganz furchtbar große Angst gehabt."
Jetzt lächelte er schwermütig.

„Ich werde heute Nacht noch viel größere Angst haben", sagte er. Mir lief ein eiskalter Schauer über den Rücken bei der aufkommenden Vorahnung, dass etwas Unabwendbares geschehen würde. Dieses glockenhelle Lachen nie mehr zu hören, ich konnte den Gedanken nicht ertragen.

„Wenn die Menschen den Sternenhimmel anschauen", sprach er, „dann sehen sie alle etwas anderes. Für die einen, die reisen, sind die Sterne Führer. Für andere sind sie nichts als kleine, funkelnde Lichter. Für wieder andere, die Gelehrten, sind es große, wissenschaftliche Rätsel. Für Geschäftsleute sind sie so etwas Ähnliches wie Gold. Aber für einen, der eine Blume lieb hat, die auf einem Stern wohnt, ist es von allen am schönsten, den Himmel anzuschauen. Er weiß ja nicht, auf welchem Stern sie ist, weil sich so viele Sterne aus der Entfernung gleichen. Es könnte fast jeder Stern derjenige sein. Darum ist der ganze Sternenhimmel für ihn wie ein herrlich duftender Blumengarten."

Der Sternenhimmel hatte inzwischen seine ganze Pracht über uns entfaltet. Wir saßen nebeneinander auf der Düne und sahen in das herrliche Funkeln hinauf.

„Wenn ich fort bin“, sagte der kleine Prinz, „wirst du manchmal in den Sternenhimmel schauen, weil du weißt, dass ich auf einem von ihnen wohne. Aber du wirst nicht wissen, welcher es ist. Es könnte fast jeder Stern derjenige sein. Darum wirst du alle Sterne gern anschauen. Alle Sterne werden deine Freunde sein.“

„Es ist nicht gut, kleiner Prinz“, sagte ich, „wenn du mit Schlangen irgendwelche Vereinbarungen triffst. Schlangen sind betrügerisch. Das Böse ist oft in ihrer Gestalt unterwegs. Glaub mir, es ist besser, wenn du bleibst.“

Und er erwiderte: „Das Wasser, das du mir zu trinken gabst, war wie Musik; es schmeckte wie das Geräusch unserer Schritte im Sand, wie das lustige Knarren der Seilwinde ... Es war ein so wunderbares Geschenk.“

„Ja, es war gut“, stimmte ich zu. Der kleine Prinz sprach weiter, er schien auf einmal recht lebhaft zu sein: „Jetzt werde *ich dir* ein Geschenk machen.“

Und er lachte.

„Ach, mein kleiner Prinz“, sagte ich erheitert, „dein Lachen ist wie eine Erfrischung für mein Herz.“

„Genau das wird mein Geschenk sein.“

„Was willst du damit sagen?“, fragte ich hoffnungsvoll. Doch meine Hoffnung, dass er sich vielleicht doch noch anders entschlossen hätte, zerschlug sich sogleich, als er weitersprach.

„Wenn die Menschen in den Sternenhimmel schauen, dann sehen sie Sterne, die schweigen. Aber du wirst Sterne haben, wie sie keiner sonst hat.“

„Wie meinst du das?“, wollte ich wissen.

„Wenn du bei Nacht den Himmel anschaust, wird es für dich sein, als würden die Sterne lachen, weil ich auf einem von ihnen wohne, weil ich auf einem von ihnen lache. Du allein wirst lachende Sterne haben!“

Und er lachte wieder.

„Später wirst du froh sein, mich gekannt zu haben, denn du wirst

Freude daran haben, mit mir zusammen zu lachen. Und manchmal bei sternklarem Himmel wirst du ein Fenster öffnen, einfach weil es dir Spaß macht. Und deine Freunde werden sich anblicken und sich wundern, wenn sie sehen, dass du in den Himmel schaust und lachst. Und dann wirst du sagen: ‚Ja, die Sterne, die bringen mich immer zum Lachen!‘ und sie werden dich für ein bisschen verrückt halten, weil du den ganzen Abend nicht aufhören kannst, zu lachen. Ich werde dir einen lustigen Streich gespielt haben!“

Jetzt mussten wir beide lachen. Wir konnten uns eine ganze Weile nicht beruhigen. Es war wirklich eine zu komische Vorstellung, wie ich das Fenster öffne und in den Himmel gaffe und sogleich loswiehern muss ...

„Es wird sein“, sagte der kleine Prinz lachend, „als würdest du statt der Sterne lauter kleine Glöckchen am Himmel sehen; Glöckchen, die mit meiner Stimme klingen.“

Etwas später sagte er sehr ernst: „Wenn ich nachher gehe, dann folge mir nicht. Es wäre besser, wenn du es nicht ...“

„Ich lass dich nicht allein“, unterbrach ich ihn. Doch er schüttelte den Kopf.

„Es wird ein bisschen so aussehen, als wäre ich krank, als würde ich sterben. Du verstehst, es ist zu weit. Ich kann diesen Leib nicht mitnehmen, er ist zu schwer. Er wird dann einfach daliegen wie eine leere Hülle, so als wäre ich ... tot. Aber man soll nicht traurig sein wegen solcher alten Hüllen. Es wäre trotzdem besser, wenn du es nicht siehst."

„Ich lass dich nicht allein!"

„Folge mir nicht. Ich sage dir das auch wegen der Schlange", sorgte er sich. „Sie darf *dich* nicht beißen. Ich weiß, diese Schlangen sind böse. Sie können einfach so zum Spaß zubeißen."

„Ich werde dich auf keinen Fall allein lassen!"

Der liegende Halbmond war aufgegangen, der nun geruhsam über den Himmel zu fahren begann, wie eine venezianische Gondel. Die Zeit tropfte einschläfernd dahin und versickerte lautlos im Sand ...

Im Traum hörte ich den kleinen Prinzen sagen: „Weißt du, es wird lustig sein. Wenn ich die Sterne anschaue, dann werden sie zu Brunnen mit einer verrosteten Winde. Alle Sterne werden mir zu trinken geben. Du wirst fünfhundert Millionen Sternenglöckchen haben, und ich werde fünfhundert Millionen Brunnen ..."

Er war plötzlich verstummt, und ich sah, dass er weinte, weil er so große Angst hatte. Ich starrte ihm ins Gesicht. Er war leichenblass und seine Augen lagen in tiefen, dunklen Höhlen, sein schimmerndes Blondhaar war auf einmal stumpf und schütter geworden ... Da erschrak ich und wachte auf. Er war fort! Ich rieb mir die Augen, sprang auf die Füße und suchte und fand seine Spuren, die im Mondlicht gut zu sehen waren, und rannte ihnen nach.

Bald entdeckte ich ihn ganz oben auf dem Kamm einer sehr hohen Düne. Er hatte mir den Rücken zugewandt und stand dort, ohne sich zu rühren. Ich hastete den Hang hinauf, doch es ging nur langsam voran, denn meine Füße versanken immer tiefer im Sand. Ich keuchte vor Anstrengung. Ich kam ihm näher und näher. Nur noch ein paar

Schritte, und ich würde ihn meine Arme reißen und ihn vor diesem entsetzlichen Fehler bewahren und ihn von all seiner Angst befreien ...

Da war auf einmal etwas wie ein helles Blitzen bei seinem Knöchel. Mir stockte das Herz. Er stand noch einen Atemzug lang reglos, bevor er fiel. Er fiel so sachte wie ein Blatt fällt. Ohne das leiseste Geräusch fiel er in den Sand.

Dann war er hinter dem Dünenkamm verschwunden. Ich rannte, bis ich an die Stelle kam, wo er eben noch gestanden hatte und sah den steilen Abhang hinab. Ich stürzte ihm nach. Der ganze Abhang geriet plötzlich in Bewegung, ich wurde mitgerissen wie vom Wasser in einem reißenden Fluss. Ich wurde herumgewälzt und tauchte ganz und gar unter, ich konnte nichts tun, nicht schwimmen, bekam keine Luft mehr, glaubte zu ersticken, zerquetscht zu werden, wurde vom strömenden Sand wieder an die Oberfläche gespült und atmete. Ich sah, dass der ganze Hang abgestürzt war. Und alles außer mir war darunter begraben ...

27. Der Klang der Sterne

Jetzt sind schon sechs Jahre darüber vergangen. Meine Kameraden waren damals froh, mich wiederzusehen, als ich nach neun Tagen mit meinem Flugzeug wohlbehalten auf dem Flugplatz landete. Aber ich war sehr traurig. Ich sagte zu ihnen: Das ist nur die Erschöpfung. Ich habe ihnen die wahre Geschichte nie erzählt. Sie hätten mir ohnehin nicht geglaubt.

Inzwischen habe ich mich damit getröstet, dass ich mir immer wieder sage: Er ist auf seinen Planeten zurückgekehrt. Denn ich habe bis zum Tagesanbruch den ganzen abgestürzten Hang mit meinen Händen umgewühlt und habe seinen Körper nicht gefunden. Er wird ihn bestimmt mitgenommen haben; es war kein so schwerer Körper. Und wenn ich bedenke, wie gern ich nachts den Sternen zuhöre, dann *kann* er nirgendwo anders sein, als dort oben. Ich fühle es. Denn die Sterne sind für mich wie fünfhundert Millionen Glöckchen, die mit seiner Stimme klingen.

Aber eines bereitet mir dennoch ziemlichen Kummer: Ich habe nämlich vergessen, an den Maulkorb für das Schaf einen Lederriemen zu zeichnen. So kann es dem kleinen Prinzen nie gelungen sein, ihn dem Schaf anzulegen. Und so frage ich mich ständig: Was hat sich seitdem auf dem Planeten abgespielt? Ob das Schaf die Blume wohl gefressen hat?

Einmal sage ich mir: Bestimmt nicht. Der kleine Prinz deckt seine Blume jede Nacht mit dem Glassturz ab und er passt gut auf sein Schaf auf, und wenn er einmal nicht aufpassen kann, dann sperrt er es halt in die Kiste ein, die man ja auch als Schafstall benutzen kann. Wenn ich so denke, bin ich glücklich, und alle Sterne lachen leise.

Aber ein anderes Mal sage ich mir wieder: Ein kleiner Moment der Unaufmerksamkeit genügt. Wenn das Schaf einmal hinter seinem Rücken entwischt ... Dann höre ich einen herzzerreißenden Missklang durch den Sternenhimmel hallen.

Schaut Euch den Sternenhimmel an. Und dann fragt Euch: Hat das Schaf die Blume gefressen oder nicht? Ja oder nein? Und ihr werdet hören, wie unterschiedlich der Himmel klingt, je nachdem, was Ihr gerade denkt ...

Aber leider wird kaum einer von den erwachsenen Leuten jemals begreifen, was für eine große Bedeutung das hat.

Epilog

Das ist für mich die schönste und die traurigste Landschaft der Welt. Hier ist der kleine Prinz erschienen und wieder verschwunden. Merkt Euch diese Landschaft genau, damit ihr sie wiedererkennt, wenn Ihr einmal durch die Wüste reist. Und wenn ihr zufällig da vorbeikommt, dann wartet ein bisschen, genau dort unter dem Stern! Wenn dann wie aus dem Nichts ein kleiner Junge mit goldenem Haar erscheint, der mit einer glockenhellen Stimme lacht, dann seid so gut und lasst mich nicht weiter so im Ungewissen leben, ich bitte Euch! Lasst es mich wissen, wenn er wieder da ist!

Wie zu lesen war, hatte auch Antoine die Hoffnung nicht völlig aufgegeben, dass der kleine Prinz eines Tages wiederkehren würde. Wenn Ihr wissen wollt, was tatsächlich mit ihm passiert ist, nachdem ihn die Schlange gebissen hatte, und wie es dazu kam, dass sich das Mädchen Elisa dazu entschloss, sich nach ihm auf die Suche zu begeben und ob sie tatsächlich eine Möglichkeit gefunden hat, ihm zu begegnen, dann lest doch einfach

DAS STERNENGLÖCKCHEN

***Übrigens** ist das Buch nicht nur überall im Buchhandel, sondern auch als eBook erhältlich; es dauert also nur ein paar Sekunden, bis Ihr es auf Eurem Reader habt.*

Vom Autor **Karel Szesny** erschien ebenfalls im **Abentheuer Verlag**
die Fantasy-Novelle

DER FALTER IM BLÜTENSCHNEE

Verschuldete Pein
gedenket stets Dein
und tut irgendwann
ein Gleiches Dir an.

Als Junge war der alte Totengräber ein fanatischer Schmetterlingssammler. Er jagte die Tiere, präparierte sie fachgerecht und platzierte sie in wunderschönen Schaukästen. Immer wieder erschien ihm ein Falter mit goldenen Flügelrändern, die im Dunkeln hell leuchteten. Stets entwischte ihm dieses herrliche Tier. Niemand wollte ihm glauben, wenn er davon berichtete. Die vergebliche Jagd nach diesem ominösen Schmetterling trieb den Jungen bis in den Wahnsinn. – Als er nach einem entsetzlichen Unfall das Bewusstsein wiedererlangte, hatte sein Körper keine menschliche Gestalt mehr. Das darauffolgende Leben führte ihm seine schwere Schuld schmerzlich vor Augen; das unsägliche Leid der vielen hundert Tiere, die er gnadenlos getötet und mit Nadeln in die Schaukästen gespießt hatte. Und er musste erkennen, dass niemand anders als er selbst es gewesen war, den er verfolgt hatte und vor dem er nun fliehen musste. Tröstlich war für ihn nur, dass er jetzt fliegen konnte mit seinen goldumrandeten Flügeln …

ÜBERALL IM BUCHHANDEL
www.abentheuerverlag.de
auch als eBook erhältlich

www.ingramcontent.com/pod-product-compliance
Lightning Source LLC
LaVergne TN
LVHW061937220826
846092LV00004B/1026
9783945976067